问题保险公司的救助机制：理论与实务

马海峰／著

立信会计出版社
LIXIN ACCOUNTING PUBLISHING HOUSE

图书在版编目(CIP)数据

问题保险公司的救助机制：理论与实务 / 马海峰著
. —上海：立信会计出版社，2019.11
ISBN 978 - 7 - 5429 - 6332 - 1

Ⅰ.①问… Ⅱ.①马… Ⅲ.①保险公司－风险管理－
研究 Ⅳ.①F840.32

中国版本图书馆 CIP 数据核字(2019)第 260637 号

策划编辑　　冯　晶
责任编辑　　赵新民　冯　晶
封面设计　　南房间

问题保险公司的救助机制：理论与实务

Wenti Baoxian Gongsi de Jiuzhu Jizhi Lilun yu Shiwu

出版发行	立信会计出版社			
地　　址	上海市中山西路 2230 号		邮政编码	200235
电　　话	(021)64411389		传　　真	(021)64411325
网　　址	www.lixinaph.com		电子邮箱	lixinaph2019@126.com
网上书店	http://lixin.jd.com			http://lxkjcbs.tmall.com
经　　销	各地新华书店			

印　　刷	江苏凤凰数码印务有限公司		
开　　本	710 毫米×960 毫米	1/16	
印　　张	10		
字　　数	190 千字		
版　　次	2019 年 11 月第 1 版		
印　　次	2019 年 11 月第 1 次		
书　　号	ISBN 978 - 7 - 5429 - 6332 - 1/F		
定　　价	42.00 元		

如有印订差错，请与本社联系调换

序　言

"流水不腐，户枢不蠹。"市场经济能够保持活力的主要原因是存在竞争机制，而保持竞争氛围的前提就是要有较低的市场准入和退出壁垒，让市场主体能够实现有序竞争，真正做到"有进有出、能上能下"。

中共十九届四中全会通过的《中共中央关于坚持和完善中国特色社会主义制度、推进国家治理体系和治理能力现代化若干重大问题的决定》指出："加快完善社会主义市场经济体制。建设高标准市场体系，完善公平竞争制度，全面实施市场准入负面清单制度，改革生产许可制度，健全破产制度。"一个成熟、完善的保险市场必须具备高效的市场退出机制，而保险保障基金制度是其重要的组成部分。我国保险业发展规划纲要中明确指出的主要目标之一，是要在未来五年内实现"深化退出机制改革，建立法律和市场手段为主、行政手段为辅、具有刚性约束的多层次市场退出机制"。

以破产清算为代表的市场退出机制涉及多方利益，很多时候并不能"一退了之"。尤其是对于具有系统重要性的金融及保险机构，如果任其破产，将会对金融体系和宏观经济造成很大冲击，从而引发系统性风险，给经济社会带来更大损失和伤害。因此，监管者不管不问、完全由市场做主的退出机制并非最佳选择，适当监管干预能够避免市场失灵所带来的负面影响。市场退出的监管干预行动将涉及多个层面，其中的一个重点内容——是否应该救助问题保险公司？救助或是不救，不同的选择将导致事态发展至不同后果，孰优孰劣？这需要在科学的救助决策机制下进行评价。对问题保险公司的救助决策分析，就像是在市场退出过程中增加了一个筛选和甄别的环节，该救的就及时施救，不该救的就早些清算退出。

2005 年，中华人民共和国保险监督管理委员会（以下简称"保监会"）颁布《保险保障基金管理办法》（保监会令 2004 年第 16 号），我国保险业正式实施了保险保障基金制度。经过三年多的实践，保监会又与财政部和中国人民银行于 2008 年 9 月 16 日联合颁布了新版《保险保障基金管理办法》（保监会令 2008 年第 2 号），并成立了中国保险保障基金有限责任公司（以下简称"保险保障基金公司"），为我国保险市场退出机制建设奠定了重要的主体基础。

虽然保险市场退出机制在法律体系、监管制度与行业规划等方面均取得了显著进步，但离保险业发展规划纲要目标的实现尚有一定距离。该书以保险保障基金公司为视角，从理论与实务两方面分析问题保险公司救助的相关问题。按照《保险保障基金管理办法》规定，保险保障基金用于救助保单持有人、保单受让公司或者处置保险业风险。但是，保险保障基金如何参与处置保险业风险却并无具体规定和操作规范。近年来，国内外一些保险公司的危机事件让我们逐步意识到上述问题的紧迫性和重要性，这又可具体落实为如何救助问题保险公司，具体包括理论基础、法律制度、监管环境、决策框架、实务环节及规范等。

对问题保险公司的救助问题实质上是一个风险决策过程，决策主体是保险保障基金公司，其在风险识别、评估以及救助决策等环节上，理应发挥主导作用。救助机制的完善涉及理论与实务两个层面，具体包括：

第一，理论层面：如何奠定问题保险公司救助的理论基础和理论框架；如何对问题保险公司救助决策进行理论分析；救助的外部制度环境、决策者及其目标如何实现统一；如何识别与评估问题保险公司的重大风险；如何对救助行动进行成本收益分析。

第二，实务层面：构建问题保险公司救助的实务框架、程序步骤及其操作规范；完善问题公司救助的法律制度体系；构建公平、透明、高效的救助监管环境；明确保险保障基金公司在救助过程中的定位与权限；厘清问题公司救助的原则、方式、程序和步骤；保险保障基金如何进行"事前"救助和"事后"补偿救助。

总之，该书是在风险决策理论框架下，以保险保障基金为视角，运用实证研究、案例研究、制度比较研究等方法，从理论和实务两方面分析问题保险公司的救助机制，并结合我国国情特点提出相关结论，为完善问题保险公司救助机制和保险市场退出机制提供研究支持，为实现保险业发展规划的目标提供政策建议。

谢志刚

2019 年 11 月

目　录

第一章

导　论

第一节　问题的提出

"No risk，no insurance。"保险公司虽说是专业经营风险的企业，但它并不总是很"保险"，其发生财务危机、破产倒闭、退出市场的事件并不稀奇。古人云"流水不腐"，市场经济能够保持活力的关键就在于退出机制，保持一个行业（或市场）能进能出、优胜劣汰的秩序，自然就会促使企业不断提高自身竞争力，进而形成良性的竞争机制和淘汰机制。假若只有公司进入，而不见公司退出，这样的行业特征是结构臃肿、人浮于事、效率低、不思进取等，最终消费者也将为此付出代价——价格高、服务差。

以国内保险市场为例，2018 年 2 月 23 日，中国保监会宣布，鉴于安邦保险集团存在违反保险法规定的经营行为，可能严重危及公司偿付能力，为保持安邦保险集团照常经营，保护保险消费者合法权益，依照《中华人民共和国保险法》（以下简称《保险法》）第一百四十四条规定，中国保监会决定对安邦保险集团实施接管。为稳妥有序推进安邦保险集团风险处置工作，确保其偿付能力充足，维护其稳定经营。2018 年 3 月 28 日，中国银保监会批复同意保险保障基金公司向安邦保险集团增资 608.04 亿元的申请。增资后，安邦保险集团注册资本变更为 619 亿元。此前，国内还有两个典型案例：其一，2006 年，XH 保险由于公司治理结构不完善，前任董事长违规挪用资金总额约 130 亿元，造成巨额的财务漏洞，导致保险保障基金公司不得不出资购买 XH 保险的股权以填补其资金缺口[1]。其二，ZH 财产保险公司从 2003 年开始的快速规模扩张和低价格竞争，造成日益扩大的财务亏损，资金缺口由 5 亿元逐步扩大到 2008 年年底的约 147 亿元[2]，2011 年，保险保障基金公司正式介入并控股该公司。

再以国际保险市场为例，2008 年全球金融危机，美国国际集团 AIG 因为涉足信贷违约掉期等金融衍生品业务，造成重大财务损失，美联储委员会授权纽约联邦储备银行向陷入破产危机的 AIG 提供 850 亿美元紧急贷款[3]。2001 年，澳大利亚 HIH 保险公司由于激进的规模扩张策略以及公司治理缺陷，导致巨额亏损 36 亿～53 亿澳元，最终被法院宣判破产[4]。1997 年亚洲金融危机，日产生命保险的破产引发了日本保险业系列倒闭案。

---

① 李隽琼.保监会:16 亿填新华人寿 26 亿元资金窟窿[N].北京晨报,2007-05-30.
② 黎德甫.法国安盛受困身退,保监会接管中华联合[N].21 世纪经济报道,2009-05-22.
③ 孙晓辉,孙晓霞.美联储 850 亿美元接管 AIG 贷款主要偿还到期债务[N].证券时报,2008-09-18.
④ 葛云华,谢志刚,王腾.澳大利亚 HIH 保险公司破产案例[J].精算通讯,2007,3(4):36-37.

按照企业生命周期理论，保险公司作为商业企业，自然也逃不脱"生老病死"的生命规律。因此，保险公司出现偿付风险、破产危机等现象，并不是"玩火者必自焚"（这里的"火"可理解为风险），而是规律使然。如果以保险行业作为参照系统，上述中外危机事件中的保险公司都可认为存在重大风险。为了研究需要，不妨把存在巨额资金缺口、偿付能力严重不足、濒临破产等重大风险的保险公司称为问题保险公司（troubled insurance company）。

每当一家保险公司发生重大风险或发生危机时，站在行业监管者的角度，就面临这样一个两难选择：救助还是不救助？若救助，则不仅需要成本，还不一定救得"活"（"活"即维持持续经营，指企业的生产经营活动将按照既定的目标持续下去，在可以预见的将来不会面临破产清算，是会计基本准则的假设之一。①）；若不救助，问题保险公司就很可能"死"（"死"即通过解散、破产清算等方式退出市场）。因为保险产品的风险补偿和"救死扶伤"等特征，即使保险公司破产了，保险保障基金公司等机构还是要补偿保单持有人的利益，补偿救助的成本并不一定低于持续经营救助的成本。问题的关键是只要保险公司能够维持持续经营就可以延续保单效力，也就能够保障保单持有人的利益和维护行业稳定，这也是监管机构尽可能选择"救活"的重要原因之一。因此，本书以问题保险公司维持持续经营与否把救助过程划分为两个研究阶段：持续经营救助阶段（即"救活"）和补偿救助阶段（即"救死"）。

为实现对问题保险公司的救助等风险处置工作，我国于 2004 年 12 月 30 日建立了保险保障基金制度。经过三年多的运行实践，2008 年 9 月 16 日，保监会颁布《保险保障基金管理办法》（以下简称《办法》）。《办法》在基金的缴纳、管理、使用等方面都作了详细的规定，但要充分发挥保险保障基金参与风险处置的重要作用，就必须明确和完善保险保障基金的救助职能。遗憾的是，《办法》在这方面的规定并不是很清楚。保险保障基金的救助职能可见《办法》第八条与第十六条的部分内容。其中，第八条指出，保险保障基金公司依法对保单持有人、保单受让公司等个人和机构提供救助或者参与对保险业的风险处置工作，但是对于如何"参与对保险业的风险处置工作"，并无明确的程序标准可供借鉴参考；第十六条指出，中国保监会经商有关部门认定，保险公司存在重大风险，可能严重危及社会公共利益和金融稳定的，可以动用保险保障基金，但对于什么是"可能严重危及社会公共利益和金融稳定的重大风险"也没有作出明确界定。

因此，要充分发挥保险保障基金的救助职能、完善问题保险公司的救助机制，就需要解决如下问题：①救助问题保险公司的法律法规体系如何完善，监管

---

① 廖义刚.持续经营不确定性审计意见的动因及决策有用性[D].厦门：厦门大学，2007：4-5.

环境是否有利于救助机制的运行。保险保障基金公司在救助过程中的定位与权限是什么。②如何建立救助问题保险公司的理论基础和研究框架，如何完善问题保险公司救助的方法体系。③如何构建救助问题保险公司的实务框架，问题保险公司救助的程序和步骤是什么，问题保险公司救助的原则和方式是什么。④什么是保险公司的重大风险，如何识别保险公司潜在的重大风险，如何构建保险公司重大风险的预警指标体系。⑤如何对问题保险公司进行持续经营救助的决策分析，对问题保险公司施救的时机如何选择。⑥放弃对问题保险公司持续经营救助后，保单持有人的利益如何保障，保险保障基金如何进行补偿救助。

第二节　研究目标

第一，在风险决策理论基础上构建救助问题保险公司的研究框架。现有对问题保险公司救助的研究不仅数量上较少，而且缺乏一个普遍公认的理论框架，方法上还缺乏系统性，因此难以提升该类研究的深度与广度。本书在风险决策理论框架下，以保险保障基金公司为决策主体，在救助制度环境分析的基础上，对问题保险公司的重大风险进行识别与评估。

第二，问题保险公司的救助决策基于决策树算法。利用决策树算法实现决策树的构建，并借鉴一些基本财务指标数据的实证结果建立模型，计算不同救助行动策略的结果及其成本收益，如贴现率、期初资本、期末资本、最低资本要求等，从而增加决策分析的科学性与操作性。

第三，构建问题保险公司救助的实务框架，具体包括救助的程序、步骤、原则与方式、补偿救助等内容。例如，救助步骤是首先进行偿付能力不足风险的预警识别分析，及时找出需要救助的目标公司；其次，对问题公司是否存在系统性风险进行评估；最后，在风险识别与风险评估的基础上，对问题保险公司作出是否进行持续经营救助的风险决策，如果选择持续经营救助，则根据风险性质选择不同的救助方式，如果放弃持续经营救助，则根据相关规定进行补偿救助。

第四，完善救助问题保险公司的法规体系和监管制度。分析相关法律法规，汇总各规定中对问题保险公司的风险处置方式，按照持续经营与否对处置方式进行分类，并提出完善该法律法规体系的建议。基于我国保险业监管的现状，探讨保险保障基金公司与银保监会、财政部、中国人民银行等机构之间的关系，以明确其在监管制度中的定位与权责，将其对问题保险公司维持持续救助的职能以法规形式明确，以更好地完善市场退出机制。

第三节 研究思路和研究方法

一、研究思路

本书按照对问题保险公司持续经营救助的逻辑顺序展开探讨。首先，基于对政策背景和制度现状的分析提出问题；其次，在风险决策理论框架下，对问题保险公司救助的关键环节进行分析，建立救助决策分析的理论基础与研究框架；再次，对救助决策法律体系与监管环境等外部因素进行分析，同时对问题保险公司的重大风险进行风险识别和评估；然后，对问题保险公司进行救助与否的决策分析，如果救助则进入持续经营救助程序，否则进入补偿救助程序；最后，构建救助的实务框架，具体包括救助的程序、步骤、原则与方式，以及补偿救助的比例、限额等，并通过国内外经典案例对比对相关结论进行验证。具体如图 1-1 所示。

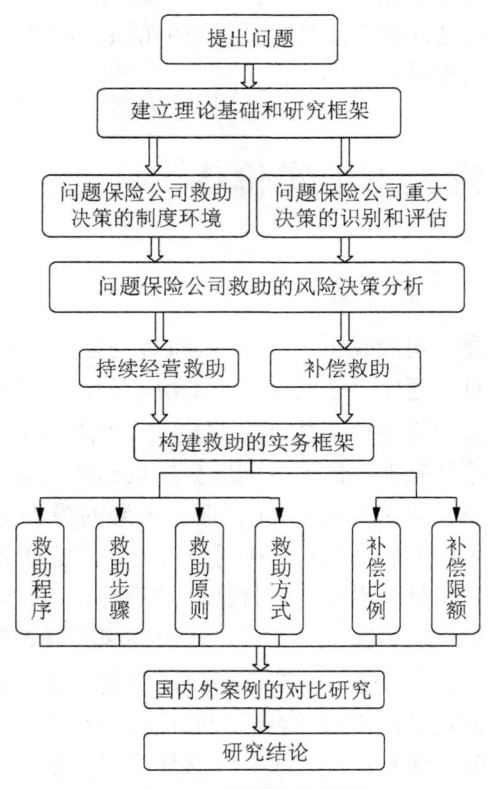

图 1-1 研究思路框架

二、研究方法

1. 实证研究法

实证研究法主要用于问题保险公司偿付能力不足风险的识别与预警、是否引发系统性风险的风险评估等内容，具体包括 Logistic 模型、因子分析法、多元判别分析法等。

2. 制度比较分析法

制度比较分析法主要用于我国问题保险公司救助机制的相关内容与其他国家或地区的对比分析，借鉴并吸收其他国家的成功经验与失败教训。本书中的比较对象主要有欧盟的保险保障基金、美国的保险保障基金、中国台湾的安定基金等；具体比较的内容包括问题保险公司救助的方式、保险保障基金公司的权限、补偿救助的补偿比例、搭桥公司的职责等。

3. 案例研究法

案例研究法主要用于对比国内外典型问题保险公司的持续经营救助及补偿救助过程的相关问题，总结问题保险公司救助机制的成功经验和失败教训，为完善问题保险公司救助机制提供借鉴参考。

第四节　理论意义与现实价值

一、理论意义

（1）构建问题保险公司救助的理论基础和研究框架。在风险决策理论框架下，运用决策树算法对问题保险公司进行救助决策分析。目前，这部分理论的应用大都在期权定价等金融衍生产品领域，很少用于问题保险公司具体救助问题。而本书在风险决策理论基础上尝试建立问题金融机构救助的理论框架。

（2）丰富对保险公司重大风险进行识别、预警的模型方法。运用层次分析法、Logistic 模型、因子分析法和多元判别分析方法，去识别和分析偿付能力不足风险以及问题保险公司是否引发系统性风险的评估，从技术上完善问题保险公司重大风险的预警识别方法，这也是对风险决策与风险管理等理论的补充。

（3）完善保险保障基金制度及保险市场退出机制理论。保险市场退出机制是指保险公司以适当的方式退出市场或者得到救助的一系列规则和运作程序，其对于促进保险市场的优胜劣汰和良性竞争，加快转变行业发展方式，维持可持续发展有积极意义。同时，保险保障基金制度也是市场退出机制的重要组成部分。

（4）问题保险公司的救助机制也是完善社会主义市场经济体制的内在要求。党的十九大报告提出，加快完善社会主义市场经济体制。经济体制改革必须以完善产权制度和要素市场化配置为重点，实现产权有效激励、要素自由流动、价格反应灵活、竞争公平有序、企业优胜劣汰。健全金融监管体系，守住不发生系统性金融风险的底线。作为金融市场重要组成部分的保险市场，其建立完善的退出机制能够保证市场保持良好的竞争机制与淘汰机制，市场退出所带来的示范效应将产生巨大的震慑作用。从根本上说，完善问题保险公司的救助机制是完善市场经济理论的内在要求，也是健全金融监管体系的重要内容，为不发生系统性风险提供了一道新防线。

二、现实价值

（1）梳理问题保险公司救助机制九种以上的法律法规，并提出现存问题和改进建议，给相关法律法规的修订和完善提供借鉴与参考。现有法律法规的风险处置方式不够全面，缺乏重要的措施，如救助、并购、重组等的具体规定；各种风险处置方式之间存在一定的矛盾冲突，需要进行统一合并。因此，本书建议尽快推出保险公司风险处置办法等，明确处置方式的选择依据与标准；建立包括救助程序、步骤、原则与方式等内容的框架体系，明确救助行动的程序、步骤、原则与方式；参考美国的"问题资产救助计划"，出台针对性强的救助专项法律法规，如《问题保险公司救助办法》等。

（2）保险业监管环境与保险保障基金救助职能的关系剖析，为保险监管机构的分工协作提供政策建议。明确保险保障基金公司与银保监会、财政部、中国人民银行等机构之间的分工协作关系；保险保障基金公司应成为最主要的救助决策主体，其需要配置一定监管权，包括监督检查权和重大风险处置权；赋予保险保障基金公司在清算过程充当破产管理人、债权人、清算负责人等项权利；建议成立一家以上专门处理保单转让事宜的搭桥保险公司，以协助保险保障基金公司完成救助工作。

（3）完善对问题保险公司重大风险的识别方法与预警指标，给监管机构等部门的风险处置工作提供方法技术上的支持。为预警识别保险公司的重大风险提供理论基础、方法体系和具体指标，将有利于提高监管机构对问题保险公司救助的决策行动效率，改善对问题保险公司的救助效果。

（4）绘制救助问题保险公司的步骤程序蓝图，构建救助决策分析的实务框架，能够提高相关机构救助决策和实施行动的效率。其具体内容包括：是否对问题保险公司进行救助，即选择"救活"还是"救死"；何人、何时、何地对问题保险公司实施救助；如何明确落实救助行动的原则、步骤、方式。

第二章

问题保险公司救助的研究现状

　　救助问题保险公司是个复杂的系统问题，涉及多个层面和多个机构的利益诉求，不同的法律制度、监管体系、市场退出机制等都会影响到救助决策。救助行动既需要多个监管机构和部门的通力合作，也需要明确落实监管权和处置权等的分工协作。因此，建立有序完善的问题保险公司救助体系和救助制度是非常必要的，这不仅是今后救助机制可以不断迭代完善的框架基础，也是落实行业救助公平公正原则的现实保障。

第一节　问题保险公司救助的法律制度现状

　　问题保险公司市场退出的负面影响较大，因为这会损害到保险企业和保单持有人的利益。因此，为建立公平、透明的保险市场退出机制，每一个救助环节都需要得到法律法规的规范和界定。目前，关于保险市场退出的法律法规较多，但主要可以分为两类：一是能够影响到救助问题保险公司的法律法规，我们称之为"基本法"；二是专门针对问题保险公司救助的具体法律法规，这里称之为"特殊法"。

　　目前，我国已经公布且现行有效的"基本法"包括：《中华人民共和国公司法》（2018 年修正，以下简称《公司法》）、《中华人民共和国保险法》（2015年修正，以下简称《保险法》）、《中华人民共和国企业破产法》（2006 年发布，以下简称《企业破产法》）、《金融机构撤销条例》（2001 年发布）、《保险公司管理规定》（2015 年修正）、《保险公司保险业务转让管理暂行办法》（2011 年发布）、《保险保障基金管理办法》（2008 年发布）等。这些"基本法"对保险公司的救助问题都作出了规定，但都没有具体的针对性条款和内容，因此，在实际操作中难以有效执行。救助问题保险公司需要"基本法"与"特殊法"的配合分工，具体的救助步骤问题还是需要"特殊法"规范具体的操作，而我国针对问题保险公司救助的"特殊法"目前还处于缺失状态。

一、"基本法"救助职能的"缺位"和"模糊"问题

　　虽然涉及我国保险公司救助的法律法规数量不少，比如《公司法》《保险法》《企业破产法》《金融机构撤销条例》《保险保障基金管理办法》等，但是，救助的相关规定却比较"抽象"和"模糊"，仅授权监管机构在特定情况下采取接管、托管、重组、撤销或清算等措施，并没有形成一套完整的有序处置规则体系，可操作性差、法律效力不足、规则不明（刘向民，

2018)①。

我国保险市场风险处置制度缺乏系统完整的法制规范，缺乏专门性和系统性立法；未明确具体退出标准；缺乏责任追究机制；缺乏明确、可行、有效的配套实施程序；配套处置措施和程序较为抽象；监管机制设计还不能有效预防保险公司退出（重庆保监局课题组，2011)②。宁立红（2010）指出，我国对金融危机事件的风险处理缺乏统一的法律框架，缺乏制度性安排。如何建立完善的金融危机救助法律机制，提高危机应对能力和效率，维持金融稳定，是急需解决的问题③。

总之，问题保险公司救助的"基本法"虽然数量众多，但多是宏观指导，缺乏具体的操作规范，都还未能形成有效机制和明确责任分工。救助问题保险公司的职能存在"缺位"和"模糊"问题，有待进一步完善和改进。

二、救助问题保险公司的"特殊法"缺位

从金融机构的角度来看，我国至今尚无一部专门的金融机构风险处置法，用以明确风险处置的方式、步骤、法律责任等内容，涉及风险处置的规范也多以金融法规若干条款的形式出现，法条之间的联系性不强；金融机构风险处置的相关配套法律急需尽快出台（康锐，2005)④。针对我国金融机构风险处置法规的缺位，廖华和张永开（2009）建议由国务院制定《金融机构接管条例》《金融机构并购条例》《金融机构破产条例》等⑤。具体到保险行业来说，池晶和赵茉（2008）指出要完善保险风险处置的法律法规，完善保险保障基金制度；明确保险企业的破产管理人；建立健全保险市场风险预警系统⑥。

问题保险公司救助法律体系的完善，可以借鉴已有的经验。美国财政部于2008年提出了旨在稳定金融市场、增加市场流动性的"问题资产救助计划"。该计划是一项金融制度的创新，因为它通过运用"远期模拟市场交易"的方式将政府救助成本进行了远期性的迁移⑦。英国于 2009 年在《银行法》和《破产法》的基础上，专门制定了《银行破产规则》。2017 年 7 月，中国香港《金融机构

① 刘向民.我国金融机构风险处置的思考[J].中国金融,2018(11):42-44.

② 重庆保监局课题组.保险风险处置机制及风险处置探析[J].保险研究,2011(3):6-7.

③ 宁立红.建立我国金融危机处理机制的法律思考[J].东北财经大学学报,2010(1):94-97.

④ 康锐.金融机构风险处置的法律完善:做什么和怎么做[J].上海交通大学学报(哲学社会科学版),2005(2):56-58.

⑤ 廖华,张永开.银行业金融机构市场退出机制的缺陷及完善[J].武汉金融,2009(6):53-55.

⑥ 池晶,赵茉.借鉴发达国家经验,健全我国保险风险处置机制[J].社会科学战线,2008(12):75-77.

⑦ 黎四奇.对美国救市法案之评价及其对我国之启示[J].法律科学(西北政法大学学报),2009,27(01):123-131.

（处置机制）条例》正式生效，该条例细化了危机管理框架，制定了为使银行恢复而采取的监管措施、压力测试、流动性支持、信息共享等方面的措施[1]。

三、法律制度不完善、救助活动中行政干预过多

我国金融机构救助等风险处置方式一直以来存在行政干预过多的问题。在我国金融市场的准入和退出决策中，"行政性准入"和"行政性退出"是我国金融机构准入和退出的主要形式；存在保险保障基金使用不规范、前置程序难以向司法程序顺利过渡等诸多问题。再加上对金融危机这类突发事件的处理缺乏统一的法律框架和制度性安排，在实践中更常见的情形是地方政府牵头监管部门采取"一事一议"的方式与问题机构管理层、股东、债权人和投资人协商，谈判达成最终处置方案。在特定条件下，这种做法有助于迅速稳定局势、维护金融体系信用，但弊端也非常明显。杨益（2005）[2]、宁立红（2010）[3]、盛建明和贾晶（2015）[4]、刘向民（2018）[5] 等都表达过类似观点。

四、救助法律制度的前沿思考

完善问题保险公司救助法律制度的重点在于：构建完善的法律制度体系；"基本法"与"特殊法"的相互补充和配合；法律指导下监管主体的权责分工；明确市场救助机制的法律依据；完善保险保障基金管理办法等。

从"基本法"的角度看，池晶和赵茉（2008）[6]、何进成（2009）[7]、宁立红（2010）[8]、张冬梅（2013）[9] 认为金融机构救助的法律框架要件包括：明确监管主体，以及监管主体的权力和职责、政府行政干预的范围和力度；赋予保险监管处理问题保险公司的权力；明确对金融机构的救助条件、公共资金运用安排；规定对问题金融机构进行接管、关闭、破产的程序和实施细则；规定对清算的金融机构资产处置方式；规定金融机构风险处置后对相关利益主体的损失分配；制定保险风险处置标准和退出要件；规定保险风险处置操作程序。

从"特殊法"的角度看，及时推出针对性强的救助管理方法或法规十分必

① 高硕,等.问题银行处置与危机应对的国际监管经验借鉴[J].华北金融,2018(4):72-76.
② 杨益.论金融机构市场退出问题[J].投资研究,2005(04):31-35.
③ 宁立红.建立我国金融危机处理机制的法律思考[J].东北财经大学学报,2010(1):94-97.
④ 盛建明,贾晶.论我国保险公司破产前置程序的实践、困境及解决之道[J].法学杂志,2015(12):58-65.
⑤ 刘向民.我国金融机构风险处置的思考[J].中国金融,2018(11):42-44.
⑥ 池晶,赵茉.借鉴发达国家经验,健全我国保险风险处置机制[J].社会科学战线,2008(12):75-77.
⑦ 何进成.国内商业银行风险处置监管研究的文献综述[J].企业导报,2009(3):45-47.
⑧ 宁立红.建立我国金融危机处理机制的法律思考[J].东北财经大学学报,2010(1):94-97.
⑨ 张冬梅.我国问题保险公司退出路径研究[J].经济论坛,2013(7):63.

要，保险保障基金管理办法还需要进一步完善。薄燕娜（2016）认为增设保险保障基金救助条件、明确基金救助方式、拓展基金救助范围、理顺基金运行体制并规范行政权介入是应对监管实践所需、填补法律缺漏的可行之举[①]。盛建明和贾晶（2015）借鉴美国、日本保险业以及我国其他金融行业的经验，指出我国应通过增加程序性要求、合理限制保险保障基金的用途以及细化前置程序与司法程序的衔接要求等方式，不断完善提高保险公司破产前置程序的立法和执法实践[②]。

综上所述，问题保险公司救助的法律制度应以培育市场退出机制为构建原则，降低行政救助的频率，降低问题公司管理者的道德风险倾向，维护保险行业公平性和竞争性，维护保单持有人和消费者的合法权益。

第二节　救助问题保险公司的监管制度与前沿问题

监管制度是为有效实施对特定对象的监管而制定和形成的原则、规则的总称。金融监管是金融监督和金融管理的复合词，是指中央银行或其他金融监督管理当局依据国家法规的授权对金融业实施监督管理（戴相龙、黄达，1998）[③]。保险监管是属于金融监管的不可分割的一部分。因此，只有在正确了解我国金融监管的基础上，才能更好地认识保险监管制度，明晰我国保险行业监管体系和监管方式。

从历史上看，1946 年英国颁布了《英格兰银行法》，将英格兰银行国有化，首次赋予其金融监管的职能，金融监管开始逐步走入人们的视野。1913 年《联邦储备法》出台，标志着真正意义上金融监管的开端。世界金融监管体制的变迁，大体上经历了三个阶段，即混业经营与集中监管时期、分业经营与分业监管时期、再次混业经营下的监管时期（郭田勇，2004）[④]。金融监管模式逐步从机构监管向功能监管或目标监管发展，而金融监管体制逐步由多头监管向统一监管转变，同时重新赋予或扩大中央银行的金融监管职责（巴曙松、沈长征，2016）[⑤]。

我国的金融监管基本上也经历了集中监管、分业监管、混业监管这样的历史过程。1995 年，《中华人民共和国中国人民银行法》第一次从立法的角度明确了中国人民银行是金融监管的唯一主体。1998 年，国务院成立中国保监会，独立

---

① 薄燕娜.论我国保险保障基金救助制度的完善[J].法商研究,2016(5):85-95.
② 盛建明,贾晶.论我国保险公司破产前置程序的实践、困境及解决之道[J].法学杂志,2015(12):58-65.
③ 戴相龙,黄达.中华金融辞库[M].北京:中国金融出版社,1998.
④ 郭田勇.金融监管学[M].北京:中国金融出版社,2004.
⑤ 巴曙松,沈长征.从金融结构角度探讨金融监管体制改革[J].当代财经,2016(9):43-51.

承担保险监管权，再加上 1992 年成立的中国证券监督管理委员会（简称"证监会"）和 2003 年成立的中国银行监督管理委员会（简称"银监会"），中国金融分业监管格局雏形成立。自此，形成了以"一行三会"为基本格局的金融监管体系，并初步形成"三权分立"的金融分业监管的组织体系。自 1998 年开始分业经营分业监管以来，我国金融界一直都有改变分业监管模式的呼声（薛海舟、赵薇，2014）①。2018 年 3 月，混业监管模式初露端倪，中国保监会的职责被整合，组建中国银行保险监督管理委员会（简称"银保监会"）。中国保险监督管理委员会审慎监管基本制度的职责划入中国人民银行。

一、关于监管、监管理论和金融监管的研究现状

"监管"一词在我国较早发现于《水浒传》第七十回："水陆并进，船马同来。沿路有几个头领监管。"此处的监管之意与当前含义并无太大区别，可理解为监督与管理。从英文释义来看，"supervision""regulation"都可以翻译为监管，本书认为后者翻译为管制可能更为适当，管制即进行直接的管理和制约，比监管具有更强的干预意味，而监管则更多的是外在的、根据规则进行监督和约束的活动。

经济社会运行为什么需要监管呢？从理论上看，需要监管的依据主要如下：一是公共利益论，即现实中的市场都是不完全竞争的，监管者通过监管行为，干预市场经济的运行，提供社会所必需的公共产品，消除市场的负外部性和抑制垄断力量，修正源于市场失效或某些政治危机的资源错配，进而对社会福利进行再分配，寻求社会福利最大化状态。二是监管俘获理论，即虽然监管机构是为维护公共利益服务的，但是会被监管者俘获，并为其利益进行服务。三是监管政治理论，即当在政治上能够使监管者更有利的群体的需求比反对它的群体的需求更为强大，政策制定者将供给监管。

金融监管是市场监管体系的一个重要方面，它既具有一般监管的共性，又具有其自身的特殊性。潘修平（2005）认为，金融监管概念中的"监"是指监督，"管"是指管理，金融监管作为一个复合概念，内含金融监督和金融管理的双重属性②。程信和和张双梅（2009）指出，金融监管本质上是一种公权，是为了有效防范金融风险、维护金融安全、提高金融效率、维持金融秩序、提升本国金融竞争力，依照法定职权和法定程序，通过经济、法律、行政等多种手段，对金融机构实施的各种监督和管制，包括对金融机构市场准入、业务范围、市场退出等

① 薛海舟，赵薇.中美金融业经营和监管体制的比较分析及启示[J].宏观经济研究,2014(2):131-136.
② 潘修平.存款保险法律制度的理论与实务[M].法律出版社,2005.

方面的限制性规定，对金融机构内部组织结构、风险管理和控制等方面制定合规性、达标性的要求，以及一系列相关的立法和执法体系与过程①。

二、我国保险监管体系与保险监管方式的现状和问题

金融监管分为两种模式：功能监管和机构监管。功能监管是按照业务性质来划分监管对象，如将金融业务划分为银行业务、证券业务和保险业务等，针对具体业务进行监管，而不区分机构的主要性质；机构监管则是按照不同监管对象划分，如银行、证券、保险等划分。无论采用何种监管模式和制度，金融监管最终目标是稳定性、效率性和公平性（仲伟周等，2012）②。保险监管从属于金融监管概念和范围，但是保险业与其他金融行业相比，在产品属性、经营模式、风险管理等方面，都有其自身的特殊性。因此，保险监管自然不完全等同于其他金融监管。

我国保险监管的发展经历了从市场行为监管为主，到市场行为和偿付能力监管并重，再到"三个指导原则、三个支柱和五道防线"以及"分类监管"的监管重点和监管思路的演变③。保险监管形成了以《保险法》为核心、以行政法规和部门规章为主体、以规范性文件为补充，基本覆盖保险经营和保险监管主要领域的制度体系。建立并完善保险保障基金制度，形成市场化的风险救助机制，逐步确立了以公司治理与风险内控为基础、以偿付能力监管为核心、以现场检查为重要手段、以资金运用监管为关键环节、以保险保障基金为屏障的风险防范"五道防线"④。

选择何种监管方式，是我国保险监管的重大抉择问题。本研究主要涉及从规则导向监管（rule based regulation）方式到原则导向监管（principle based regulation）方式的转变及两者之间存在的区别与联系，以及哪种监管方式更能适应保险业现状等。时辰宙（2010）认为原则导向监管是规则导向监管发展演进的一种结果，全球监管理念的演进路径可以概括为从合规为本到资本为本再到风险为本⑤。英国金融服务管理局（Financial Service Authority，FSA）的理念是从规则导向监管过渡到原则导向监管，从以详细的规则和标准为支撑、以过程和产品为核心的"规则导向"到如今以简明的原则为支撑、以结果为中心的"原则导向"监管理念的演进不断加速。目前，FSA已成为卓越的原则监管者。FSA认为原则导向监管意味着更多地依赖原则并且聚焦于结果，以高层次的规则为手

①　程信和,张双梅.金融监管权法理探究[J].江西社会科学,2009(3):7-12.
②　仲伟周,等.我国金融监管制度演进的非均衡分析及其政策含义[J].现代财经,2012(10):24-30.
③　祝向军.后金融危机时代我国保险监管发展的理论思考[J].上海保险,2010(4):10-12.
④　吴定富.2011年全国保险监管工作会议[J].中国保险,2011(1):10-11.
⑤　时辰宙.英国式金融监管的悖论与启示[J].上海经济研究,2010(2):54-55.

段，从而达到所期望实现的监管目标，在这个过程中将更少地依赖规则①。

另一些研究是关于原则导向监管与规则导向监管之间的差异分析。尚静（2007）认为，原则导向监管与规则导向监管的最大区别在于，原则导向监管是一种结果监管，在满足监管当局监管要求的同时，能更好地实现金融机构自身的经营目标，有效推动金融创新，但我国实施原则导向监管的条件尚不完全具备②。徐捷（2010）认为，以美国银行业监管为代表的规则导向监管是指银行监管机构在监管商业银行运行时，颁布一系列的法律法规规定银行必须满足的标准、开展业务时必须符合的程序，从而确保银行能够稳健运营的一种监管制度安排。原则导向监管是指监管工作主要通过"道义劝说"和"君子协定"等方式开展。其特点是监管机构颁布的法规少，规定的标准少，弹性和灵活性比较大，监管工作对不同的问题有不同的处理方式和标准③。成正民（2010）认为，原则导向监管是一种结果监管，更注重引导，强调效果而不是手段；规则导向监管是一种过程控制监管，要求监管者对不同的机构、机构运营的不同阶段、不同的产品制定详细的规则，并检查被监管机构的合规情况。原则导向监管并不是废除规则，而是在规则和原则之间寻求一个平衡点，而且无论是规则导向还是原则导向监管，其核心都是以风险为本，即都是将着眼点放在风险上④。而张士杰和蔡政宪（2009）认为，原则导向监管就是让各公司能够依照自身特色建立属于内部的整合形态风险管理架构，进行财务与业务的自律规范⑤。还有观点认为，两种监管方式之间相互影响、相互制约、不可分离，原则导向监管还需要结合规则导向监管来实施。例如，贾守乔（2009）认为，实施原则导向监管并不是要抛弃规则导向监管，而是要将一般原则与特殊规则相结合，通过实践权衡不断调整两者的平衡。监管既要基于审慎监管的需要坚持规则导向监管，也要基于鼓励金融创新的需要逐步推行原则导向监管，从"规则导向监管"向"规则导向监管与原则导向监管相结合"转变⑥。

我国保险监管方式的选择将影响到保险公司潜在重大风险的识别和处置。本书认为规则导向监管利于监管机构及时发现问题，而原则导向监管方式则不利于重大风险的识别工作。因此，从救助问题保险公司的视角来看，监管方式在转向原则导向的同时，规则导向还不宜完全放弃。

从国内外的经验来看，保险监管的通行原则和目标包括：维持行业的竞争性

① FSA. Principles-based regulation: focusing on outcomes that matter[R]. FSA, 2007.
② 尚静. 我国实施原则导向监管的路径探讨[J]. 南方金融, 2007(6): 22-23, 41.
③ 徐捷. 商业银行规则导向监管与原则导向监管的比较[J]. 财经科学, 2010, (2): 18.
④ 成正民. 银行业原则导向监管问题研究[J]. 商业时代, 2010(2): 51-53.
⑤ 张士杰, 蔡政宪. 从学术理论到监理实务[M]. 台北: 财团法人保险事业发展中心, 2009.
⑥ 贾守乔. 原则导向监管与市场纪律——我国实施有效银行监管的思考[J]. 金融发展研究, 2009(3): 54.

和公平性，维护行业稳定和不发生系统性风险的底线，保护保单持有人的利益，等等。实际上，我国保险监管体系的现状是行政干预较多，很多风险事件都需要政府和相关监管机构干预和处置，监管的模式属于"严父"特征。在政府监管较多干预，监管政策在"过松"和"过紧"之间摇摆，银行和保险的混业监管背景下，保险监管人力资源的配置并不理想。监管的最高理想目标是"尽可能少的监管"，就像自然界的河流在一定条件下会有"自净机制"一样，市场自身会通过优胜劣汰机制和行业自律消化解决掉很多问题，虽然也有"市场失灵"的发生，但通常条件下那都是发生概率很低的极端事件。

第三节　问题保险公司风险识别的研究现状

从救助问题保险公司的程序上来看，保险监管会涉及三个环节：一是预防性监管（事前监管），主要是对行业风险的识别和预警，并提前采取针对性监管措施；二是援救性监管（事中监管），主要是对问题保险公司的风险救助和风险处置等；三是事后监管，主要是对保单持有人的补偿救助等。基于救助问题保险公司的既定目标，本书重点研究第二个问题。

为什么要对问题保险公司进行风险识别呢？因为问题保险公司的风险诱因包括内、外部很多种因素，如全球经济环境、经济周期、自然灾害、市场风险、产品风险、操作风险、投资风险等。诱发重大风险的风险源有很多且不确定，直接识别它们的难度很大。但是，所有的重大风险最终都会导致保险公司出现同一个预警指标——偿付能力不足。因此，可以先建立一个保险公司偿付能力风险的预警系统，对目标公司进行风险识别；然后对预警筛选出来的问题保险公司进行风险评估，评估重点为是否会引发系统性风险（因为系统性风险属于重大风险，系统性风险与非系统性风险的处置措施自然是不同的）；最后，在风险识别与风险评估的基础上再进行救助决策。

一、保险公司偿付能力风险预警识别的研究前沿

对保险公司的偿付能力风险进行预警和识别，就好像医生对病人的病情进行判断识别一样，医生的依据往往是一堆化验单子，通过这些检查的指标数值进行病情识别。问题保险公司的风险识别，也需要这样的"化验单子"，也就是需要一个预警识别指标体系，而如何构建这些指标体系，显然是个关键性的问题，国内外的专家学者对此进行了深入的研究。

从风险管理的视角看，风险识别的方法经历了从简单到复杂、从传统统计方

法到现代评级方法再到人工智能方法的演变过程。其内在逻辑是从参数模型逐步发展到非参数模型、自我学习训练型模型，具体可分为：指标法、回归模型、非参数模型、人工智能模型等。

（1）指标法：包括单指标法和多指标法，重点在于指标的选择和权重赋值，其中指标选择主要基于专家经验法和统计方法等。文献中较早使用单指标法可追溯至1908年，Rosendale利用流动比率（current ratio）去识别信用风险[①]。Beaver（1966）是财务风险识别领域的开创者，他把单一指标法发展至多指标法[②]。Altman（1968）基于5个指标构建著名的Z值模型[③]。国内研究如张玲和袁异清（2008）[④]、邹昆仑和陆萍（2018）[⑤]的Z值模型，贾曼莉（2015）[⑥]、龙贞杰等（2017）[⑦]基于骆驼评级指标进行风险识别研究；潘明道等（2018）[⑧]基于Fisher判别和相关分析构建预警指标体系；侯旭华（2019）[⑨]基于熵值法进行指标赋权和风险预警识别。

（2）回归模型：基于回归技术原理，选择对风险监测识别有显著影响的预警指标，并建立指数和风险评价的阈值，包括Logit和Probit模型、Ordered Logit和Ordered Probit模型等。1980年，此领域的奠基者Ohlson选择Logit模型，并构建了著名的O指数（O-Score），通过O指数指标进行风险监测识别[⑩]。其他的风险预警识别研究包括Steven等（1999）[⑪]、Jennifer等（2005）[⑫]的

① WILLIAM M ROSENDALE. Credit department methods[J]. Bankers' Magazine,1908:183-84.

② WILLIAM H BEAVER. Financial ratios as predictors of failure[J]. Journal of Accounting Research, 1966:71-111.

③ EDWARD I ALTMAN. Financial ratios, discriminant analysis and the prediction of corporate bankruptcy[J]. The Journal of Finance, 1968,23(4):589-609.

④ 张玲,袁异清.我国商业银行信用评级指标的优化[J].财经理论与实践,2008(9):22-25.

⑤ 邹昆仑,陆萍.基于Z模型对中国企业债信用评级的实证研究[J].宏观经济研究,2018(5):73-75.

⑥ 贾曼莉.我国商业银行信用评级5A模型初探——以骆驼评级为启示[J].技术经济与管理研究,2015(2):92-96.

⑦ 龙贞杰,王善康,孙浩.中小企业信用评级模型研究——基于CAMEL框架[J].系统科学学报,2017(3):102-106.

⑧ 潘明道,周颖,迟国泰,等.基于Fisher判别的小型工业企业债信评级模型及实证[J].管理评论,2018(3):15-28.

⑨ 侯旭华.杜邦分析法在保险财务中的运用[J].中国保险管理干部学院学报,1999(6):23.

⑩ JOY BEGLEY, et al. Bankruptcy classification errors in the 1980s: an empirical analysis of Altman's and Ohlson's Models[J]. Review of Accounting Studies, 1996(1):267-284.

⑪ STEVEN, et al. Property-liability insurer financial strength ratings: differences across rating agencies [J]. The Journal of Risk and Insurance, 1999, 66(4): 621-642.

⑫ JENNIFER, et al. The role of holding company financial information in the insurer-rating process: evidence from the property-liability industry[J]. The Journal of Risk and Insurance, 2005, 72(1): 77-103.

Ordered Probit 模型；国内研究如林江鹏等（2016）[①] 的有序回归模型、钱水土和陈鑫云（2016）[②] 的 Logit 模型等。

（3）非参数模型：包括 KMV 模型、层次分析方法、网络分析法、决策树方法等。例如，谢远涛等（2018）[③]、凌江怀和刘燕媚（2013）[④] 运用 KMV 模型进行风险识别；孙文和王冀宁（2012）[⑤]、钮中阳和乔钧（2018）[⑥] 利用层次分析法构建风险预警识别体系；梁伟等（2007）[⑦]、汤凌霄和张艺霄（2012）[⑧] 等基于网络分析法进行风险识别；辛金国和关建清（2012）[⑨]、杨胜刚等（2013）[⑩]、王磊等（2014）[⑪] 利用决策树模型进行风险预警识别。

（4）人工智能模型：通过模拟自然界的某种（如大脑、遗传进化等）生物机理进行风险识别，包括神经网络模型、遗传算法、云计算、大数据技术等。例如，Arash（2010）[⑫]、张维功等（2009）[⑬]、邓庆彪和文辉（2011）[⑭]、孟生旺（2012）[⑮] 利用神经网络模型进行风险识别；蒋艳霞和解青芳（2010）[⑯]、李竹梅和孙凯（2013）[⑰] 利用遗传算法进行风险识别和评价。

---

① 林江鹏,华良晨,姜雯.我国中小企业信用评级质量检验的实证研究——基于因子分析模型和有序 Logit 模型的分析[J].金融理论与实践,2016(1):23-27.

② 钱水土,陈鑫云.农村信用社区域性风险影响因素分析——基于面板数据 Logit 模型[J].金融研究,2016(9):115-130.

③ 谢远涛,罗润方,杨娟.基于修正的 KMV 模型的信用风险度量[J].统计与决策,2018(15):169-173.

④ 凌江怀,刘燕媚.基于 KMV 模型的中国商业银行信用风险实证分析[J].华南师范大学学报(社会科学版),2013(5):142-148,209.

⑤ 孙文,王冀宁.基于 AHP 的中小企业信用评级指标体系构建[J].财会通讯,2012(3):19-21.

⑥ 钮中阳,乔钧.新型农村金融机构风险评价体系实证研究[J].南京社会科学,2018(7):25-31,71.

⑦ 梁伟,胡利琴,胡燕.中国商业银行操作风险评级问题研究[J].金融研究,2007(12):135-141.

⑧ 汤凌霄,张艺霄.基于网络分析法的我国商业银行操作风险影响因素实证分析[J].中国软科学,2012(8):143-151.

⑨ 辛金国,关建清.基于数据挖掘民营上市公司绩效评价研究探索[J].中国管理科学,2012(11):114-119.

⑩ 杨胜刚,朱琦,成程.个人信用评估组合模型的构建——基于决策树—神经网络的研究[J].金融论坛,2013(2):57-61,67.

⑪ 王磊,范超,解明明.数据挖掘模型在小企业主信用评分领域的应用[J].统计研究,2014(10):89-98.

⑫ ARASH BAHRAMMIRZAEE. A comparative survey of artificial intelligence applications in finance：artificial neural networks, expert system and hybrid intelligent systems [J]. Neural Comput & Applications, 2010,19(8):1165-1195.

⑬ 张维功,何建敏,丁德臣.基于 BP 神经网络专家系统的财产保险公司全面风险预警系统研究[J].西安电子科技大学学报(社会科学版),2009(1):27-32.

⑭ 邓庆彪,文辉.基于径向基神经网络的非寿险公司财务预警研究[J].财经理论与实践,2011(1):25-29.

⑮ 孟生旺.神经网络模型与车险索赔频率预测[J].统计研究,2012(3):22.

⑯ 蒋艳霞,解青芳.上市公司财务业绩影响因素的选择——以遗传算法为视角[J].审计与经济研究,2010(7):72-77.

⑰ 李竹梅,孙凯.基于遗传算法的制造业上市公司财务困境预测实证研究[J].财务管理,2013(3):57-59.

总之，从风险预警识别技术方法的演进来看，此类文献始于 1908 年 Rosendale 应用流动比率去识别财务信用风险，1966 年 Beaver 用单指标方法，后改进为多指标法去评价公司财务风险状况。随着对样本数据统计假设的逐步放开，19 世纪 80 年代以 Logistic 和 Probit 为代表的回归模型成为主流方法。在修正回归模型的基础上，基于信息和计算机科学的现代模型开始得到大量应用，如层次分析方法、网络分析法、决策树方法等。目前，大数据和云计算等技术将促使人工智能技术应用于偿付能力风险预警识别研究，如神经网络模型、粗糙集理论等。

二、系统性风险识别与评估的文献回顾

1. 系统性风险的理论和概念

从理论上看，系统性风险产生的原因主要包括：一是市场缺陷理论，或者说是金融脆弱性，由于信息不对称和高杠杆等导致风险积累；二是周期变动理论，即经济金融周期性因素；三是体制不健全理论，政策错误与监管漏洞是导致系统性风险的外部因素；四是行为偏差，市场主体的集体非理性行为所导致的"羊群效应""动物精神"是系统性风险的主要诱因（王朝阳、王文汇，2018）[①]。如美国学者约翰·泰勒（2010）指出，政府行为是金融体系中更为严重的系统性风险，要限制金融市场中政府的力量，减少其带来的不利影响。从根源上讲，系统性因素是指通过传递、感染和连锁反应，对整个金融体系和真实经济有全局性影响力的风险。引起如此宏观影响的触发性事件可能来自公共部门——如中央银行突然收紧流动性，或金融市场一些大型的私人企业倒闭，或外部环境——如自然灾害或恐怖袭击等造成了支付体系的中断[②]。

什么是系统性风险呢？国际货币基金组织（IMF）、金融稳定理事会（Financial Stability Board，FSB）和巴塞尔委员会（BIS）指出，系统性风险是指由系统内部的主要机构所发生的故障（或系统事故）所导致的、并将对整个经济体系产生严重负面影响的运行故障。十国集团（Group of Ten）指出系统性风险是单个冲击事件导致部分金融体系信心崩溃、经济损失或不确定性增加，甚至对实体经济造成严重危害的风险。有学者曾以"难以定义，却一目了然"来描述系统性风险的难界定却易辨别的特点。也有学者认为系统性风险是某一事件的发生会诱发巨大的经济损失或降低金融系统的信心，并且该风险会以较高的概率对实

---

① 王朝阳,王文汇.中国系统性金融风险表现与防范：一个文献综述的视角[J].金融评论,2018(5):100-113,125-126.

② 约翰·泰勒.系统性风险与政府扮演的角色[J].新华文摘,2010(8):141-143.

体经济产生负面的影响①。在一次访谈中，王树勋提到，系统性风险通常理解为能够导致一个市场或系统受到重大伤害或导致其崩溃的风险，关键是要强调其参照系统及其相对性，关注的是什么"系统"里的系统性风险②。罗猛等（2009）认为"系统性"一方面是指一件事件影响了整个体系的功能，另一方面是指一件事件让不相干的第三方也承担了一定的成本，风险的溢出和传染是系统性风险发生时最为典型的特征③。李云林（2009）则认为系统风险是由金融机构的各种风险引发，通过链式传导或金融恐慌，对整个金融体系形成的风险④。

2. 保险业是否会引发系统性风险

研究系统性风险，并不只是研究一个系统，而是要研究多个系统以及系统之间是如何关联的。不同的系统相互关联，你中有我，我中有你，这也是我们研究系统风险的重要原因。随着经济全球化的不断推进，包括会计准则的国际趋同、金融集团公司的国际化经营模式等，更多保险公司的经营会出现同质化、同步化的现象。我国保险行业的这种情况更加突出，使得经济周期的"共振"现象更加明显，系统性风险发生的概率在这种情况下就有可能增加。

保险业是否会引发系统性风险？国际保险监督官协会（IAIS）曾于2010年6月发表过一份有关金融稳定的报告，其中的两个观点很重要：第一，目前还没有充分的证据显示保险业会引发系统风险或将其放大至金融行业或整个经济体系；第二，保险公司可能会通过其产品、市场及集团化运作模式引发风险，并且发生系统风险的可能性在增加。金融稳定委员会（FSB）也肯定保险业系统性的重要性，并于2013年7月18日正式公布全球九大系统重要性保险公司名单⑤。Liedtke（2010）提出核心保险业务有助于稳定全球金融市场，而不是加大或者扩展系统性风险⑥。但也有观点认为保险业是系统性风险不可忽视的重要来源。李朝锋等（2013）认为有缺陷的监管是系统性风险的一个潜在诱因。如果所有的保险公司都是用相同的风险模型，那么在遇到外部冲击的时候，这些公司必然会做出类似的反应。在某些情况下，保险公司的这种"一致行动"反而会强化最初

① 智强,李西新,谢祥.系统性风险的演化及启示[J].财会研究,2011(1):77-80.
② 王小平.认识保险业系统风险的内在规律——对话美国乔治亚州立大学商学院精算专业主任王树勋博士[N].金融时报,2011-06-29.
③ 罗猛,陈颖,王胜邦.系统性风险及其监管:国际经验及启示[J].新金融,2009(11):44-48.
④ 李云林.对当前美国金融系统风险的评估[J].中国金融,2009(13):31-32.
⑤ 朱衡,卓志.保险公司系统重要性识别及其影响因素研究——基于系统性风险敞口与贡献的视角[J].保险研究,2019(3):3-16.
⑥ LIEDTKE P M. Anatomy of the credit crisis-An insurance reader from The Geneva Association[R]. The Geneva Association, Geneva Report, No. 3, 2010.

的诱因，并最终引发系统性风险[1]。李政等（2019）认为金融机构的系统性风险包括风险贡献（risk contribution）与风险敞口（risk exposure）两个方面，前者反映其系统重要性，后者反映其系统脆弱性，两者的风险传导方向恰好相反，前者是机构对系统的影响，后者是系统对机构的影响，我国银行和保险部门的系统重要性高于证券部门[2]。赵桂芹和吴洪（2012）认为当前保险业引发系统性风险的可能性不大，但随着保险公司业务创新的进一步推进，保险业引发系统性风险的可能性在逐渐增加，其中保险公司的短期融资和表外衍生品交易业务，是引发系统性风险可能性较大的业务[3]。

总之，本书认为基于大数定律和精算原理等产品设计制度，传统的保险产品和保险业务引发系统性风险的概率较低，而保险公司参与或者经营的金融衍生品业务风险控制不当，或者产品规模过大等引发系统性风险的概率较大。

3. 系统性风险的识别与度量

对系统性风险的识别主要是从两条线索展开，一是从宏观经济和行业的视角进行分析，通过经济指标等构建预警体系，去识别可能发生的系统性风险；二是从机构个体的视角，把那些可能会导致系统性风险的机构先识别出来，即系统重要性机构，然后对此类机构进行系统性风险的识别和预警。

从宏观经济和行业的视角来看，关于系统性风险研究数量较少，指标法和主观经验法是常见的研究工具。高志勇（2010）认为系统性风险的测度方法大致有三种：指标法、模型法、经验分析法[4]。郑鸣（2007）认为国内外关于系统性风险的研究从方法上分为四类：一是 Frankel 和 Rose 等人提出的概率单位模型，如 Probit 模型和 Logistic 模型，简称 FR 模型；二是 Sachs、Tornell 和 Velasco 等人提出的横截面回归模型，简称 STV；三是刘遵义教授的主观概率模型；四是 Kaminsky、Lizond 和 Reinhart 等的信号分析法，简称 KLR 模型[5]。沈悦和亓莉（2008）系统设计了银行危机预警指标体系对我国银行风险状况进行适时监测分析[6]。

由于数据指标的获得性等特点，系统性重要机构的预警识别方法更为常见且

①　李朝锋，方斌，代钧珂.基于 C-H-N-I 框架的我国和欧盟偿付能力监管体系比较分析[J].保险研究,2013(7);68-77.
②　李政,涂晓枫,卜林.金融机构系统性风险:重要性与脆弱性[J].财经研究,2019(2);100-112,152.
③　赵桂芹,吴洪.保险体系的系统风险相关性评价:一个国际视角[J].保险研究,2012(9);112-119.
④　高志勇.系统性风险与宏观审慎监管[J].财经理论与实践,2010(3);13-14.
⑤　郑鸣.金融脆弱性论[M].北京:中国金融出版社,2007.
⑥　沈悦,亓莉.中国商业银行系统性风险预警指标体系设计及监测分析[J].西南大学学报(社会科学版),2008(04);139-143.

数量较多。此类方法的演进进程如下：巴塞尔银行监管委员会（Basel Committee on Banking Supervision）从规模、关联度、可替代性、业务复杂性以及全球业务活跃程度五个方面去甄别系统重要性金融机构。也有学者运用"在险价值方法"（value-at-risk，VAR）来对投资组合或金融机构进行风险评估。而Adrian 等提出使用条件在险价值之差（delta conditional value-at-risk，ΔCoVAR）来对金融机构的系统性金融风险进行衡量，通过分析特定金融机构在面临财务困境时的整体 VAR 与该金融机构正常运转下的 VAR 的差值，来考察一个金融机构处于危机时对整个金融系统带来的影响，从而有效衡量了该金融机构系统性金融风险的贡献度。为了克服 VAR 方法可能存在的局限性，Acharya 等基于系统性期望损失（systemically expected shortfall，SES）来考察面对系统性金融风险时整个金融行业可能遭受的损失，同时，他们也借助了边际期望损失（marginal expected shortfall，MES）来考察单个金融机构对于系统性金融风险的贡献程度。Brownlees 等针对 MES 指标没有考虑到金融机构杠杆率的问题，采用了系统性金融风险指数 SRISK 来衡量单一金融机构在严重市场衰退条件下的资本缺口，并将其作为系统性风险的衡量指标[1]。王向楠（2018）采用平均相关系数法、增量条件在险价值法、边际期望缺口法和 Shapley 值法四种衡量单个机构系统性风险的方法[2]。

以上对系统性风险研究的两种视角，最终的政策指向是宏观审慎政策与微观审慎政策。后者重点关注单个金融机构自身的稳健性，其通过资本充足率、不良贷款率等指标对单家机构的日常运营进行限制，以保证单家机构面对冲击的稳健性；前者则是着眼于系统整体稳定性，通过对传统宏观政策审慎化以重点关注系统性风险的防范和化解（方意、黄丽灵，2019）[3]。

第四节 问题保险公司救助决策和救助实务的现状

一、救助决策的现状与问题

由于保险产品的"风险补偿"和"救死扶伤"等特性，保险公司（尤其是人身险）破产并不能中断保单责任，监管机构往往会对濒临破产的保险公司施加救

---

[1] 杨子晖,李东承.我国银行系统性金融风险研究——基于"去一法"的应用分析[J].经济研究,2018(08)：36-51.

[2] 王向楠.财产险业务线的系统性风险研究[J].保险研究,2018(09)：44-55.

[3] 方意,黄丽灵.系统性风险、抛售博弈与宏观审慎政策[J].经济研究,2019(09)：41-55.

助措施。但是，救助问题公司也会带来道德腐败、破坏竞争机制等诟病。因此，问题保险公司的救助决策，主要涉及以下问题：救助或是不救助、尽早救助或是等待合适的救助时机、用谁的钱去救助，等等。

　　救助与否的主要决策依据是成本收益，即救助成本与救助成功之后获得的收益之比。这里的成本与收益既包括可以量化、货币化的，也包括不可量化的，比如一家重要保险公司破产对整个市场所造成的恐慌氛围，虽然这个成本并不能精确计算出来，但是对整个市场造成的打击却是非常大，整个资本市场的股价会出现连续大幅下跌，继而增加金融危机发生的潜在隐患。国内研究的救助决策是基于救助对象的重要性质和风险属性等进行的。如周小川（2012）认为救助决策的依据是问题金融机构是否属于系统重要性金融机构，如果属于就救助，否则就不救[1]。崔红宇和盛斌（2011）救助决策的依据是商业银行在经济中起重要作用[2]。孙国伟和孙立坚（2011）强调对金融机构进行救助的依据是判断是支付危机问题还是信用危机问题[3]。杨益（2005）认为如果要解决的是支付危机，可以采用关闭、破产等强制性终止措施；如果要解决的是信用危机，则应采取有效措施恢复公众对金融机构的信心[4]。韩冰（2006）认为政府、中央银行和监管当局在决定是否救助问题银行时，要估算在救助过程中需要耗费掉的资源成本与实现救助目标后的收益谁大谁小，要权衡救助的道德风险与不救助的传染效应孰轻孰重，因此，在干预行动前应进行必要的成本—收益分析[5]。潘艳红（2010）认为存款保险机构的职能分工决定了其依据成本收益原则来决定是否救助，即救助的前提是收益不小于成本。[6]

　　道德腐败是指保险公司出现危机就施加救助，那就很容易造成行业的道德风险。因为，企业经营者如果知道救助是确定性的必然行为，那就自然会加大其经营管理的风险倾向。约翰·泰勒（2010）指出，政府要去除充当救世主的想法，就必须让一些企业倒闭，不能再挽救那些失败的赌徒，而应该拯救那些无辜的牵连者，从而有区别地选择性救助[7]。盛建明和贾晶（2015）认为保险保障基金之于维护市场主体不破产的重要性显然压倒了救助保单持有人的重要性，监管主体对监管对象的市场退出是极力避免的。如此一来，本应用于保护保单持有人权益

① 周小川.金融危机中关于救助问题的争论金融研究[J].2012(09):1-19.
② 崔红宇,盛斌.银行危机救助策略的分析[J].国际金融研究,2011(03):68-73.
③ 孙国伟,孙立坚.流动性危机与政府救助:全局博弈的解释[J].世界经济研究,2011(10):22-27,87.
④ 杨益.论金融机构市场退出问题[J].投资研究,2005(04):31-35.
⑤ 韩冰.救助问题银行的成本收益分析[J].金融研究,2006(05):97-102.
⑥ 潘艳红.存款保险框架下问题银行救助的制度安排[J].石家庄经济学院学报,2010(2):11-13.
⑦ 约翰·泰勒.系统性风险与政府扮演的角色[J].新华文摘,2010(8):141-143.

的保险保障基金实际上主要补贴了作为市场"坏孩子"的问题保险公司和它的股东们①。刘莹（2008）认为，我国对金融机构的保护程度大大超过了发达国家，每当出现金融风波时，总是先由央行对问题机构提供大量的紧急救助贷款或对机构整体收购方提供大量的资金支持帮助其渡过难关；而当这些救助措施无效，问题机构不得不退出市场时，则由政府或央行出面承担本应由投资者、债权人、经营者甚至存款人所应该承担的全部责任②。张波和谭秋勤（2009）认为，我国现行的金融风险处置制度不足的一种体现是：风险处置成本分担不公，国家承担了大部分退出成本③。

救助时机的选择是个关键点，如果救助过早了，也许就失去了问题公司自己渡过难关的机会；救助过晚了，可能就失去了最佳的医治时机，救助也就没有什么效果了。那么，最佳的救助时机如何选择呢？李卓和邢宏详（2011）将政府干预救市的最优时机问题概括为涉及"最优停止"等的复合优化问题，能够较好地拟合与刻画金融危机中各国政府对问题金融机构的救助行为④。Bagehot（1999）提出中央银行应提前声明去救助那些缺乏流动性但是偿付能力充足的商业银行⑤。Miller（2008）认为，政府对问题金融机构救助决策的依据是由外汇储备决定的⑥；Dash（2008）发现美国政府救助决策的依据是骆驼评级指标⑦。易纲（2010）认为决策迟缓是导致金融危机传导和蔓延的主观因素，危机爆发后，由于美国财政部、央行和监管当局没有得到及时的授权，降低了危机救助的有效性⑧。朱民和边卫红（2009）从瑞典金融危机救助经验来看，当金融危机征兆出现时，政府越快处理越好，拖延只会加重危机，使解决成本加大⑨。

用谁的钱去救助问题保险公司呢？资金主要来自三个方面：一是行业自身的风险救助基金（如保险保障基金）；二是政府监管机构的救助资金，比如财政部门提供的贷款等；三是来自市场的自愿救助资金，通过并购等方式救助问题公司。巴塞尔银行监管委员会发布银行处置政策的指导原则：维护金融稳定并尽量

① 盛建明,贾晶.论我国保险公司破产前置程序的实践、困境及解决之道[J].法学杂志,2015(12):58-65.

② 刘莹.金融机构市场退出的制度设计[J].中国金融,2008(14):34-35.

③ 张波,谭秋勤.论我国金融机构风险处置的法律途径[J].辽宁大学学报,2009(9):153-154.

④ 李卓,邢宏详.金融救助的最优时机、策略与资产处置的折/溢价选择[J].世界经济,2011(3):21-39.

⑤ BAGEHOT W. Lombard Street: a description of the money market[M]. John Wiley & Sons, 1999.

⑥ MILLER V. Bank runs, foreign exchange reserves and credibility: when size does not matter[J]. Journal of International Financial Markets, Institutions and Money, 2008(18): 557-565.

⑦ ERIC DASH. U.S. said to be using loose rules in bank aid[N]. The New York Times, 2008-10-31.

⑧ 易纲.关于国际金融危机的反思与启示[J].求是,2010(20):33-35.

⑨ 朱民,边卫红.危机挑战政府——全球金融危机中的政府救市措施批判[J].国际金融研究,2009(02):4-33.

减少关键银行服务的中断；银行倒闭是竞争环境中风险承担的一部分。监管部门不应保证银行绝对不会经营失败。最好通过私有部门解决，关键要素已经明确指出私有部门解决是最好的处置方式——不会对纳税人造成负担以及对银行部门的扭曲最小；快速的处置流程；保持公平竞争。当通过合并、收购或者转让资产负债等方式处置问题银行时，应采用竞争方式选择投资者；避免道德风险①。林欣（2010）认为，相比较政府救助，私人机构的资产负债表重构这一救助方法更符合市场原则②。邢会强（2007）认为，"一行三会"等"金融管理部门"负有救助问题金融机构之职责，而财政部门也在参与救助问题金融机构。当问题金融机构不会造成系统性风险时，财政不应救助；只有问题金融机构将会造成系统性风险且得不到足够的"最后贷款"，而接管失败，又不能采取并购措施时，财政才可以进行救助③。

　　总之，现有相关文献已经对问题金融机构救助的成本收益、救助时机、资金来源等问题都进行了分析，并得出了合理结论和政策建议。但是，救助问题金融机构的理论分析框架还未能完全建立，把救助问题金融机构类问题纳入风险管理和风险决策理论框架，对此类问题的后续研究非常重要。

二、救助实务的现状与前沿问题

1. 救助原则

　　国际货币基金组织就问题金融机构的救助原则提出了"及时性、暂时性与针对性"（timely，temporary，targeted）的"3T"标准。马海峰和谢志刚（2011）就保险保障基金对问题保险公司的持续经营救助提出了三项原则：及时原则、短期原则、成本原则④。金碚和原磊（2009）指出德国救助原则：政府有限参与的原则，维护市场机制的原则，遵循现有政策框架的原则，强调政策及时性的原则⑤。紧急救助体现了及时原则，潘艳红（2010）对于问题银行的救助程序分为一般救助与紧急救助，紧急救助主要针对大银行或重要银行在短期内财务状况迅速陷入困境，将要或已经停止支付，有可能引发挤兑风潮乃至系统性风险⑥。李有星和陈月影（2005）认为紧急措施有助于防范个别银行风险的蔓延。对于经营

① 吴玉国，王广龙.问题银行的识别及处理[J].金融监管研究，2017(10):40-73.
② 林欣.金融危机救助方案与成本分担机制分析[J].财经科学，2010(09):17-24.
③ 邢会强.问题金融机构处理中相关政府部门之职责划分[J].首都师范大学学报（社会科学版），2007(1):119-123.
④ 马海峰，谢志刚.我国保险保障基金对问题保险公司的事前救助分析[J].商业研究，2011(6):117-121.
⑤ 金碚，原磊.德国金融危机救援行动的评析及对中国的启示[J].中国工业经济，2009(07):26-33.
⑥ 潘艳红.存款保险框架下问题银行救助的制度安排[J].石家庄经济学院学报，2010(2):11-13.

状况良好且具有偿付能力但面临暂时流动性困难的银行，人民银行可直接进行贷款援助，或者由中央银行提供担保，以帮助解决短期困难①。

2. 救助步骤和救助措施

救助措施的分类，按照救助程序可分为"救活"和"救死"两个步骤，"救活"阶段主要是维持问题保险公司经营状态的救助措施；"救死"阶段是指对保险公司市场退出过程中保单持有人的利益进行补偿救助。黄志凌（2015）指出美国处置问题银行分为三个步骤：一是救助决策，即决定救助还是不救。在银行破产之前，联邦存款保险公司可能会对问题银行提供财务支持。二是认定银行是否需要关闭。关闭银行的决定由该银行的首要监管机构做出，股东无权获得任何给予关闭的事先通知。三是确定怎样清算。联邦存款保险公司一般采用"风险最低"的方式解决倒闭银行的问题，即在所有可能采取的方案中选择对联邦存款保险资金而言成本最小的方案②。

按照"救活"与"救死"的步骤，救助问题保险公司的措施可分为两类：一是维持保险公司持续经营的救助措施，包括整改（责令限期改正）、整顿、托管、接管、行政重组、破产重整和破产和解；二是保险公司风险处置措施，包括解散清算、撤销清算、破产清算（张领伟，2010）③。刘澄等（2009）总结问题金融机构的救助措施包括：早期干预措施、停业前救助、宽容计划、停业救助④。黄志凌（2015）指出问题银行破产之前的早期处置机制：行政重组、及时干预制度、接管、撤销⑤。从国际经验来看，日本的存款保护保险有类似的措施分类：资金救援方式和保险金赔付方式（孔丹凤等，2007）⑥。金碚和原磊（2009）梳理德国救助措施包括：银行间贷款提供担保，建立特别基金，帮助银行增加自有资本，预防性资金用于购买银行坏账⑦。杨成义等（2008）总结了美国金融救助的各种方式：收购继承（P&A）、银行持续经营援助（open bank assistance，OBA）、投保存款转移（DITR）、桥梁银行（bridge banks）、实行接管（conservatorships）等⑧。

综上所述，如潘艳红（2010）、李有星和陈月影（2005）等学者认为，维持持续经营救助应成为保险保障基金公司的重要职能，尤其是紧急救助职能。但是

① 李有星，陈月影.我国银行危机处理措施的法律思考[J].浙江大学学报，2005(3)：138-139.
② 黄志凌.问题银行的判断与破产早期干预机制[J].金融研究，2015(7)：45-49.
③ 张领伟.保险公司风险处置研究[D].天津：南开大学.2010：91-92.
④ 刘澄，黄翔，王继光.金融求助的途径与手段：国际经验比较[J].新视野，2009(06)：45-47.
⑤ 同②。
⑥ 孔丹凤，等.日本对问题银行的资金救助机制分析与启示[J].投资研究，2007(9)：46-47.
⑦ 金碚，原磊.德国金融危机救援行动的评析及对中国的启示[J].中国工业经济，2009(07)：26-33.
⑧ 杨成义，刘澄，王大鹏.美国金融救助机制研究及对我国的启示[J].海南金融，2008(04)：50-53，81.

如何行使维持持续经营救助、救助的甄别标准与程序却并没有提及，本书将会对此进行分析。而滕帆（2004）认为保险保障基金的维持持续经营救助效果并不理想，最终问题保险公司还是会走向破产清算程序①。保险保障基金公司在对问题保险公司的事后救助过程中应该拥有管理人、清算人、债权人等法律地位，支持该观点的有刘俊（2010）②、黄德强和严国荣（2010）③、美国联邦存款保险公司（2004）④ 等。邢会强（2007）⑤、Repullo（2000）⑥ 等认为保险保障基金公司在救助过程还需要协调与其他机构之间的分工合作。但是，现有文献还缺乏针对问题保险公司进行救助的研究，尤其是保险保障基金如何救助问题公司的文献。保险保障基金作为问题保险公司风险处置中的重要机构，研究其如何去履行维持保险公司持续经营救助及补偿救助职能，对于完善问题保险公司的救助机制与风险处置机制有重要的意义。

① 滕帆.美国保障基金体系及其对中国的借鉴作用[J].现代财经:天津财经学院学报,2004(02):18-20.
② 刘俊.论保险保障基金公司在保险公司破产程序中的法律地位[J].理论界,2010(06):67-68.
③ 黄德强,严国荣.对我国保险市场退出机制的思考[J].保险实践与探索,2010(01):30-33.
④ 美国联邦存款保险公司.危机管理:1980—1994年联邦存款保险公司和处置信托公司的经验[M].北京:中国金融出版社,2004(07).
⑤ 邢会强.问题金融机构处理中相关政府部门之职责划分[J].首都师范大学学报(社会科学版).2007,(01):119-124.
⑥ RAFAEL REPULLO. Who should act as lender of last resort? an incomplete contracts model[J]. Journal of Money, Credit and Banking. 2000,32(3):580-605.

第三章

风险决策的理论基础
与分析框架

理论的价值在于指导实践。为拓展问题保险公司救助研究的深度与广度，就需要构建理论基础和理论框架。本研究是以保险保障基金公司为决策主体，将其对问题保险公司进行救助的过程纳入风险决策理论的分析框架中，以此作为问题保险公司救助研究的理论基础。本章分为三节，第一节是风险理论与重大风险，即风险的定义、形成机制与重大风险；第二节是问题保险公司风险识别与风险评估的理论基础；第三节是问题保险公司救助的风险决策分析框架。

第一节　风险理论与重大风险

一、强调行为主体的风险定义

关于风险的定义有很多。国际标准化组织（ISO）将"风险"定义为：偏离目标的不确定性的效应。该定义中的"目标"，是指决策者或行为主体的预期目标，而"效应"是指主体的行为与外部环境的不确定因素相互作用的综合效应。正如谢志刚（2008）所指出的：风险是两个要素的结合：对目标的不利偏差与具体结果的不确定性，可形象地表述为"风险 = 不确定后果 × 后果出现的可能性大小"。

风险的定义并不唯一，不同领域的学者从各自的视角或应用目的出发，对风险给出了各种各样的定义。比如，Williams（2000）认为风险是结果中潜在的变化[1]。Rubin（2010）认为风险就是财产损失的不确定性，又指被保险的人或物或危险[2]。卓志（2006）认为，从定性角度，风险是与不确定性相联系的损失的可能性；从定量角度，风险是实际结果偏离预期结果而导致的损失的可能性[3]。

在我国保险业中，权威的定义应该参照银保监会《保险公司风险管理指引（试行）》（2007）第三条，风险是指对实现保险经营目标可能产生负面影响的不确定性因素。

综上可知，风险可以允许有不同定义，但应该具备以下特征：①风险是某事件的发生所导致的不利后果及其对应概率这两个要素的综合效应。②风险与行为主体及其预期目标有关，是对预期目标的不利偏差及其发生的可能性的估计。

本书论及风险时，可能会变换行为主体或决策者。比如上文引用银保监会

---

①　Arthur Williams,等.风险管理与保险[M].北京:经济科学出版社,2000.

②　Harvey W R.保险学辞典[M].上海:上海财经大学出版社,2010.

③　卓志.风险管理理论研究[M].北京:中国金融出版社,2006.

《保险公司风险管理指引(试行)》(2007) 关于风险的定义时，是站在保险公司的立场和视角定义风险。而对问题保险公司救助决策的研究，是站在行业监管者或保险保障基金公司的立场和视角，分析由保险公司所产生的风险是否会危及行业稳定或社会公共利益，或传导至更大的系统和领域。因此，当我们提及风险和不确定性这些概念时，主体及其利益目标是衡量计算的基准和出发点。

二、保险公司风险形成的理论假设

风险和危机往往是由保险公司内外部多种风险因素所引发的。可是，保险公司为什么会出现问题并发生风险呢？现有经济金融知识中许多理论可以解释这个问题。

1. 生命周期理论

企业在市场上都有一个从产生到衰退的时间周期。按照生命周期理论，每一个企业都会经历出生期、成长期、成熟期和衰退期四个阶段[①]。保险公司属于商业企业，自然也有自身的生命周期。因此，正如人的生老病死一样，一些保险公司出现破产、衰退等风险和危机是不可避免的，保险公司也会"死"，这属于市场经济中的正常现象。

2. 金融恐慌论

Diamond 和 Dybvig (1983)、Jacklin 和 Bhattacharya (1988)、Sachs (1998)等学者认为金融危机的形成根源在于金融业的信息不完全和资产负债不对称等特征，很大程度上是一种自我实现的危机，这即为"金融恐慌论"假说。保险公司同样具备资产负债不对称、信息不完全的特征，尤其是资产与负债的期限错配，以及资产配置的同质化、产品设计的同质化等，这些特质容易引发行业风险集中而导致行业危机的出现[②]。

3. 金融脆弱性理论

该理论由 Minsky (1982) 提出，金融脆弱性是指由于金融企业高负债性所引起的清偿能力不足。由于保险企业具有高负债性，短期内的集中退保风险、部分保险资金投资的长期性等，导致保险企业具有较高的脆弱性，保险经营中的信息不对称加剧了这种脆弱性。投保人的悲观预期具有自我实现的特征，是脆弱市场的主要问题，这也会增加保险公司发生风险和危机的可能性。

4. 羊群效应理论

Borensztein 等 (2003) 认为"羊群效应"(herd effect)是一些市场参与主

---

① 姜姿.我国保险市场退出机制探析[D].成都:西南财经大学,2006:5.

② 阎维杰.金融机构市场退出研究[M].北京:中国金融出版社,2006.

体仅仅只是简单地复制其他投资者的行为，集体非理性的行为往往导致风险集中爆发。一方面，从企业角度看，保险公司资产配置的雷同会导致"羊群效应"，一旦投资市场出现周期性衰退，大量资产出现贬值或者下跌风险，会导致多数公司陷入亏损泥潭；另一方面，"羊群效应"会发生在以投保人为代表的客户群体中，如公司遭遇负面舆论危机，短期内发生保单持有人的集体退保事件，这会造成保险公司的流动性风险。

三、保险公司的风险形成机制

保险公司的风险形成机制，是由"外因"和"内因"交织作用所产生的结果。外因指公司经营的外部环境因素，包括经济与投资环境、法律法规、特殊事件等；内因则是指公司治理、高层管理决策及其指导下的产品流程和业务管理过程中的各种因素。

Sharma Report（2002）提出了关于保险公司的风险形成机制的因果链（cause-effect chain）分析方法和结论。如图 3-1 所示，站在保险公司的角度，由"外因"和"内因"的交织作用所导致的各种风险，包括保险风险、投资风险、信用风险、操作风险等，最终都将影响保险公司的财务状况和偿付能力，导致偿付能力不足，进而危害保单持有人的利益，并可能进一步诱发系统性风险。

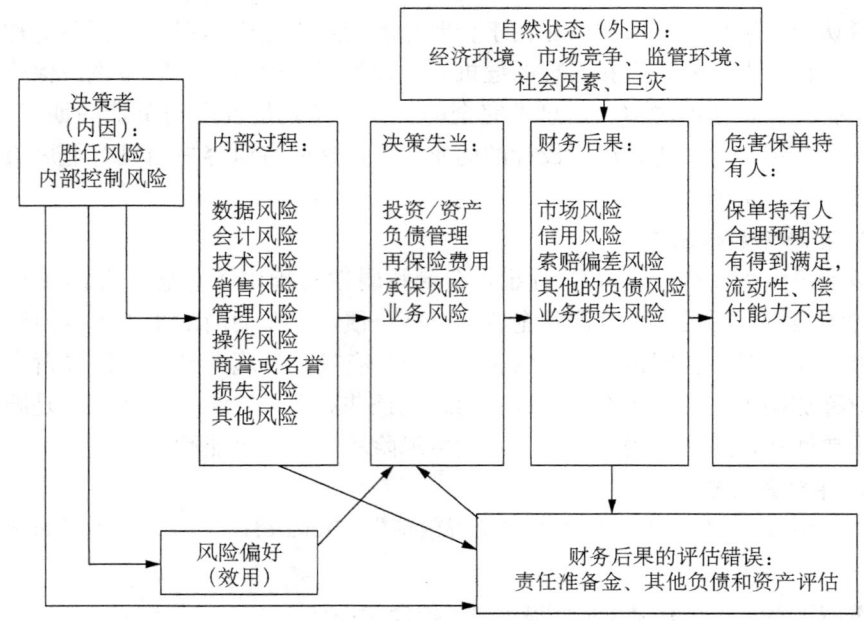

图 3-1　保险公司的风险形成机制

四、对重大风险的理解

"风险是偏离目标的不确定性的效应",这个定义中的目标是指行业目标或监管目标,这两种目标之间还是存在一定的差别,可以将后一种风险视作更高层面的风险,是危及行业稳定的重大风险。正如《保险保障基金管理办法》第十六条中所指出的:保险公司的重大风险是可能严重危及社会公共利益和金融稳定的风险。至于究竟什么是重大风险,我国相关机构尚未给出明确答案。本书对问题保险公司重大风险的分析,是站在监管者或者保险保障基金公司的立场上,针对保险公司所发生的、其后果可能严重损害全行业稳定或社会公众利益的风险。

因此,需要从两个方面去正确理解什么是重大风险,一是危及行业利益与金融稳定的风险因素,如系统性风险,它确定属于重大风险范畴;二是危及社会公众利益的风险因素,如我国新华人寿保险、中华联合财产保险的偿付能力严重不足风险,但这是否属于重大风险是有争议的,焦点在于这些问题保险公司的破产会给社会公众造成多大损失。如果损失严重、涉及人数众多,则属于重大风险范畴;如果造成损失的程度轻、涉及人数少,则不属于重大风险范畴。然而,问题是目前尚无机构对重大风险所造成的损失程度和涉及人数等指标给出具体量化的标准,更多的情况还是依据经验和理论知识对风险事件可能造成的后果进行评估。

第二节　问题保险公司风险识别与风险评估的理论基础

风险识别与风险评估的目标随其主体的不同而不同。若以保险公司为主体,其目标是控制和管理自身的风险,其重要基础是识别和评估各种风险。若以保险监管者或保险保障基金公司为主体,其目标是维护市场信心和市场稳定,防范系统性风险,其重要基础是识别和评估源于保险公司的个别风险能否演化成对行业造成巨大损害或形成系统性风险。无论是站在保险公司的立场还是站在监管者的立场,风险识别(risk identification)和风险评估(risk assessment)都是其进行风险决策的基础。

一、问题保险公司风险识别的理论基础

《人身保险公司全面风险管理实施指引》(2010)第三十六条规定,将风险识别定义为识别经营活动及业务流程中是否存在风险以及存在何种风险。风险识别

是指收集有关风险因素、风险事故和损失暴露等方面的信息，识别导致潜在损失的因素。风险识别也是企业逐渐认识到自己在哪些方面面临风险的过程，风险识别技术就是收集有关风险源（sources of risk）、危害（hazards）、风险因素（risk factors）、危险（perils）和损失暴露（exposures to loss）等方面信息的技术。

风险识别的重要内容是对各种风险因素进行分类，也就是要回答究竟有哪些因素会导致偏离主体的预期目标，或有哪些风险科目。对风险的分类方法多种多样，按照谢志刚（2008）的归纳，风险分类包括以下方法：

1. 按导致风险的原因进行分类

这就像在"风险"这个概念前面加一个修饰定语，即"什么"风险，是按导致风险的"原因"来分类。比如，"保险风险"是指由承保活动所导致的风险，"投资风险"则指由保险公司的投资活动所导致的风险。

2. 按"宏观层面""行业层面"和"公司层面"分类

第一层面是整个经济环境中的风险因素，如通货膨胀、汇率变化导致的风险；第二层面是保险行业的风险因素，如关于资金运用渠道的要求、关于实施法定保险等法规的变化等；第三层面则是保险公司内部的风险因素，如定价策略等。

3. 按是否与保险产品直接关联进行分类

与产品没有直接关联的风险主要是资金运用风险或资产风险，以及公司管理过程中的操作风险和由外部环境引起的特殊事件风险，人身险公司和财产险公司在这方面没有结构上的差别。

4. 按风险的内在属性进行分类

按是否可以被"量化"，将风险分为"可量化风险"与"不可量化风险"；按是否包含"有利偏差"，分为"纯风险"和"投机风险"两类；按是否与保险公司资产负债表中的科目有关，分为"表内风险"与"表外风险"，进而将表内风险分为资产风险和负债风险；等等。

需要强调的是，究竟应该如何分类，取决于具体的应用目的。比如，站在保险公司的视角，以合理计算其经济资本水平为目的，可以按照《保险公司风险管理指引（试行）》对保险公司的风险分类，其第十五条指出：保险公司应当识别和评估经营过程中面临的各类主要风险，包括：保险风险、市场风险、信用风险和操作风险等。

站在监管者的立场，以救助问题保险公司为目的，对风险的分类及科目设置相对比较简单，用前文的表述就是，主要关注"宏观层面"和"行业层面"的风险，或关注保险公司的风险是否引发行业及宏观层面的风险，重点在于风险评估。参考图 3-1，主要是关注保险公司风险形成过程中的最右边一个节点，即保险公司偿付能力不足风险对保单持有人的损害程度。

二、问题保险公司风险评估的理论基础

按照风险的定义，风险是某事件的发生所导致的不利后果及其对应概率这两个要素的综合效应。因此，风险评估就是对"不利后果"的严重程度和发生可能性大小及其综合效应进行评估。其中，对不确定因素的定量评估称为风险分析（risk analysis），对发生后果影响程度的评估称为风险评价（risk evaluation）。

《保险公司风险管理指引（试行）》第十七条中，将"风险识别"也作为风险评估的环节之一，认为"风险评估包括风险识别、风险分析、风险评价三个步骤"。本书则认为应该将风险识别独立于风险评估，因为风险识别本身的重要性，往往并不亚于风险评估。

进行风险评估的目的，是为了帮助决策者做出合理的决策。对于问题保险公司的救助决策，对保险公司的风险做出合理评估是非常关键的环节。由于保险公司的各种风险最终都会影响其偿付能力，因此，一种典型而且简便的做法是将保险公司的"偿付能力充足率"（solvency ratio），亦即按照《保险公司偿付能力管理规定》第二条定义的偿付能力充足率即资本充足率，作为救助决策的风险评估依据，需要进行救助的公司属于"不足类公司"。当然，如果仅仅以上述评估依据进行救助决策，显然过于草率和简单，需要进行更为综合的决策分析，而风险决策理论可以为我们构建更好的分析框架。

第三节　救助问题保险公司的风险决策框架

一、救助问题保险公司的风险决策理论

风险决策（decision making under risk and uncertainty），是决策者在面临风险和诸多不确定因素的环境下，为了实现其决策目标，从若干个可能实现目标的备选方案中做出决策的过程。风险决策理论的核心，是回答"什么是合理决策"，以及"如何作出合理决策"。第一个问题的答案是：合理决策是指与决策者风险偏好一致的决策。这是微观经济学（如信息经济学、不确定经济学）中的基本原理之一，即期望效用理论。该理论的奠基人及研究者是 Von Neumann 和 Morgenstern（1944）[①]，之后许多学者对此进行了推广和完善。第二个问题的答

---

① VON NEUMANN，MORGENSTERN. Theory of games and economic behavior［M］. Princeton：Princeton University Press，1944.

案，可以看作是对第一个问题答案的应用。决策者要做出合理的决策，取决于三个要素：其一是对外部风险和不确定因素的正确评估，相当于风险分析；其二是对自身风险偏好或价值观的恰当评估，比如风险态度（risk attitude）、"风险容忍度"（risk for bearance）等，实际上就是分析不同风险后果对决策者的影响和严重程度；其三是如何将上述分别得出的评估结果进行综合，是按线性还是按非线性方式进行综合。

二、风险决策框架的基本构成要素

1. 决策者

决策者即决策主体，可以是个人、群体或者组织。决策者有自己的认识水平、决策能力、价值观和偏好等，行为符合经济学中的"理性人"（rational individual）假定条件。

研究如何救助问题保险公司，决策者一般是保险行业的监管者或主管部门。比如，《保险保障基金公司管理办法》就是由中国财政部、中国人民银行和原保监会共同制定的，严格地说，他们都是决策者。但是，由于具体执行《保险保障基金公司管理办法》的主要机构是保险保障基金公司，而且，救助决策的分析过程、包括决策建议都是保险保障基金公司来完成。因此，将保险保障基金公司作为决策者是合适的，也是有理论和实践基础的。如果没有特别说明，以下论及的决策者，就是指保险保障基金公司。

2. 决策目标

决策目标是指决策者所期望达到的结果。决策者对于决策问题所希望达到的目标，可以是单个目标，也可以是多个目标。决策目标可以是量化的，也有可能是难以量化、甚至是难以明文表述的目标。决策目标的确定，在很大程度上反映了决策者的风险偏好和价值判断。如图3-2所示，决策者在设立决策目标时，其实会受到外部信息的影响，其本身就是一个决策过程。

以保险保障基金公司作为决策者，其决策目标必须与我国保险业的监管目标协调一致。虽然我国保险业的监管目标尚缺乏明确的表述，但参照国际保险监管的惯例，比如国际保险监督官协会（IAIS）所制定的保险核心原则，保险监管的终极目标就是"要维护一个有效、公平、安全和稳定的保险市场，保护保单持有人的利益不受侵害"[①]。具体而言，保险保障基金公司的目标应该是，以经济、有效的方式实现国际保险监督官协会制订的上述目标。

---

① IAIS. Insurance core principles and methodology[R]. IAIS，2003.

3．行动策略

行动策略是指实现决策目标所采取的具体措施与手段。决策方案往往不是现成的，也不是能够一一穷尽的，需要具体问题具体分析。针对新的问题公司，提出一项新的风险策略，往往是一个创造性的发现。

救助决策分析主要包括两个决策点。第一个决策点，只有两项选择，"救助"还是"不救"，或者说是"救死"还是"救活"。前者是指通过实施一系列救助措施，让问题保险公司渡过难关，股东、管理层等不做太大改变，维持继续经营状态；后者则指对前者的否定，与其让问题保险公司继续经营下去，不如让该公司破产清算更有利于实现决策目标（更低的清算成本）。第二个决策点，是在决定了"救助"还是"不救"之后所进入的下一阶段，比如选择"救活"（即维持持续经营状态）问题保险公司之后，接下来就是选择以什么方式去救活这家公司，救助策略可能包括"抵押贷款""注资""购买股权""接管"等。

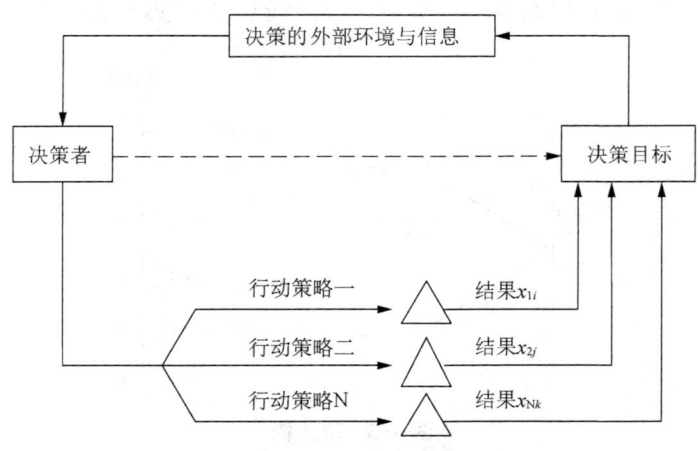

图3-2 决策分析的基本要素

4．决策环境

决策环境是指各种备选方案可能面临的自然状态和因素，是不以决策者的意志为转移的客观存在。可以将所有可能出现的不确定因素或自然状态概括为一个状态空间。自然状态与决策者的行为相互影响、相互作用，导致不同决策后果。救助决策分析中，决策者面临的环境因素或自然状态非常复杂，有国内的，也有国际的，还有问题保险公司内部的各种不确定因素。如何在多种环境因素的影响下做出合理决策，这是决策者面临的巨大挑战，也是决策者体现自身价值的机会。

5．决策后果

决策后果是指各种行动策略在不同自然状态下所出现的结果。如果用 f 表示决策者的一项策略，用 s 表示一种可能出现的自然状态，那么，决策后果就是策略关于状态的函数值，记为 $x=f(s)$。这个函数关系清楚地表达了决策行为、外部因素与决策后果之间的相互关系。

三、风险决策分析的决策树方法

决策树（decision tree）是一种决策分析工具和方法，特点是直观和简便，是决策分析实践中最常用的方法之一，其他的决策分析方法还包括决策表和决策影响图等。

图 3-3 是一种最简单的决策树示意图，其中，矩形表示决策者需要做出选择的决策点，该例中只有两项备选策略：f 和 g，比如其对应于问题保险公司的"救助"和"不救"。圆圈表示状态点，假设有三种状态 s_1，s_2 和 s_3，在每一种状态下，与决策者选择的策略相互作用后产生不同决策后果，即 $x_1=f(s_1)$，$x_2=f(s_2)$，$x_3=f(s_3)$，以及 $y_1=g(s_1)$，$y_2=g(s_2)$，$y_3=g(s_3)$。

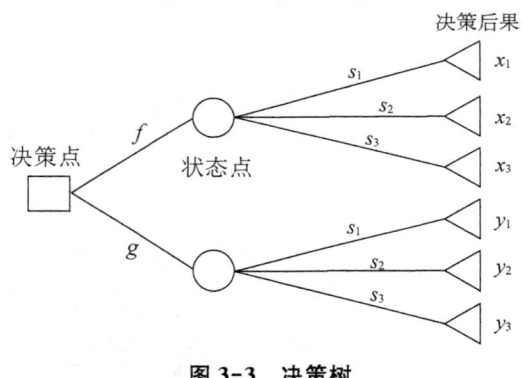

图 3-3　决策树

决策分析过程，形式上是一个从右向左的分析过程，即先评估各种决策后果及其对决策者的影响程度，以及评估各种状态发生的概率，然后将二者结合，评估各项策略的优劣。

按照决策活动的次数和程序，决策树可分为单阶段决策树与多阶段决策树。单阶段决策树是指决策问题只需进行一次决策活动，便可以选出理想的方案。多阶段决策树是指所需解决的问题比较复杂，通过一次决策不能解决，而是要通过一系列相互联系的决策才能选出最满意方案。

四、风险决策分析过程

应用决策树进行决策分析的过程，可以形象地概括为一个从右向左进行的

"修枝"过程。以图3-3中的决策树为例，进行决策分析的逻辑步骤是：第一，评估各种可能的决策后果及其影响；第二，评估各种不确定状态发生的可能性；第三，综合上述两个步骤的合成效应。

1．评估决策后果及其影响

如前文所述，决策后果$\{x_1,\ x_2,\ x_3;\ y_1,\ y_2,\ y_3\}$是由决策行为$\{f,\ g\}$与外部不确定状态$\{s_1,\ s_2,\ s_3\}$共同作用的结果，比如$x_1=f(s_1)$。为了做出合理决策，决策者必须首先评估各种可能的结果及其影响或严重程度。金融行业中的决策问题，决策后果往往采用货币价值来计量，但同时，决策者往往并不完全以财务后果作为唯一参考因素，还会考虑更多的不能用货币价值来表述的因素。经济学上，则可以用货币价值的效用函数来处理这种差别，即用x表示决策后果，用$u(x)$表示该后果对决策者的影响程度。

反对效用理论的人常常会指出，要获得决策者的精确的效用函数$u(x)$是几乎不可能的，因此很难有实际用处。本书则认为，这套理论的价值更在于它提供了一种分析问题的方法，通俗地说，就是正确地理解问题是解决问题的前提和关键。

2．评估自然状态的概率

这是概率统计学的范畴，本不必多述，但需要强调的是，实际应用中，估计各种自然状态发生的概率时，往往缺乏统计样本基础，尤其是对本研究中的决策问题而言，所涉及的风险为"重大风险"，并不常常发生。因此，这里的"概率"未必是传统数理统计学意义下的概率，也包括所谓主观概率，或者任何用类似贝叶斯方法估计的概率。

决策树中状态节点行动策略分枝的概率测算可以通过实证方法的预测得出，如利用Logistic模型的预测准确度作为不同行动策略发生的概率，在预测概率的基础上，进一步去求解不同策略后果的期望效用等。

3．评估综合效应

基于对决策后果及其影响程度的评估和基于对自然状态发生概率的评估，决策者想作出抉择：究竟是选择策略f，还是选择策略g。

如果用"$f\geqslant g$"表示策略f优于策略g，评估综合效应的目的就是要找到量化"$f\geqslant g$"的标准。Von Neumann 和 Morgenstern（1944）认为，可以用期望效用（Expected Utility，EU）作为量化判别标准，即：

$$f\geqslant g \Leftrightarrow \mathrm{EU}(f)\geqslant \mathrm{EU}(g)$$

应用于本书中的主要决策问题，即：

$$救助 \geqslant 不救 \Leftrightarrow \mathrm{EU}（救助）\geqslant \mathrm{EU}（不救）$$

其中，EU（f）和 EU（g）分别表示"救助"和"不救"所对应的期望效用。

如果采用 Von Neumann 和 Morgenstern（1944）的线性合成方式，有：

$$EU(f) = u(x_1)p(s_1) + u(x_2)p(s_2) + u(x_3)p(s_3)$$

如果采用非线性合成方式，比如加权线性合成方式（谢志刚，2000），有：

$$WEU(f) = w_1u(x_1)p(s_1) + w_2u(x_2)p(s_2) + w_3u(x_3)p(s_3)$$

还有其他的非线性合成方式，其综述可见 Fishburn（1998）。本书认为，各种各样的合成方式，本质上都是在对各项备选策略所对应的风险进行评估和度量。

事实上，按照本章第一节中关于风险的定义以及"风险＝不确定后果×后果出现的可能性大小"的表达方式，对风险进行度量无非就是对构成"风险"的两个要素分别计量并进行合成。计量的方式，尤其是进行合成的方式千差万别，也就造成对风险的度量各种各样。

救助问题保险公司所涉及的"风险"主要是"重大风险"，因此，关键内容是对保险公司的"重大风险"进行评估和度量。这是救助决策分析的核心内容，本书第五章将专门研究这一主题。而决策后果的影响程度，包括决策目标的设定等内容，也是风险评估或决策分析的关键问题。

第四章

问题保险公司救助决策的制度环境分析

风险决策行动主要依赖于主体组织中人的主观选择行为，因此深受经济周期、法律法规等制度环境的影响。决策环境是指决策者所面对的各种外部因素，如法律体系、监管环境、政治体制、宏观经济背景等，可以区分为静态和动态两种因素。静态因素在决策期间不会发生较大的变化，如法律法规体系、监管制度等；动态环境因素则随时发生不确定性变化，如经济周期、巨灾事件等。这些因素不仅影响决策者设定决策目标，更会对决策者的决策行为产生重要影响。因此，本章分析救助决策的制度环境等外部因素，为决策分析和构建救助实务框架打下基础。第一节、第二节分析法律法规体系与监管环境；第三节分析保险保障基金制度相关问题。

第一节　问题保险公司救助相关的法律法规体系

救助问题保险公司的过程牵涉到各方机构的利益关系，需要在一套严格的法律体系框架下进行。直接或间接涉及的法律法规与管理办法包括：《中华人民共和国保险法》《中华人民共和国民法通则》《中华人民共和国公司法》《中华人民共和国企业破产法》《金融机构撤销条例》《保险公司管理规定》《保险公司偿付能力管理规定》《保险公司保险业务转让管理暂行办法》《保险保障基金管理办法》等。以上九种法律法规构成了问题保险公司救助的法律体系，下面按照立法层次逐一分析它们中关于问题保险公司救助等风险处置的内容。

一、与救助相关的法律及其内容

1.《中华人民共和国民法通则》（2009 修正）

《中华人民共和国民法通则》现行有效的版本是根据 2009 年 8 月 27 日第十一届全国人民代表大会常务委员会第十次会议通过的《关于修改部分法律的决定》修正。其适用对象为公民与法人，保险公司是企业法人，属于其适用对象范围。《民法通则》第四十五条规定了企业法人终止的四种形式，"企业法人由于下列原因之一终止：（一）依法被撤销；（二）解散；（三）依法宣告破产；（四）其他原因"。第四十七条规定了必须的清算过程，"企业法人解散，应当成立清算组织，进行清算。企业法人被撤销、被宣告破产的，应当由主管机关或者人民法院组织有关机关和有关人员成立清算组织，进行清算"。从《民法通则》第四十五条和第四十七条规定可以得出保险公司被终止的三种形式：撤销、解散、破产，而且必须进行清算，清算的发起人可以是主管机关或人民法院组织的有关机关和有关人员。

2.《中华人民共和国公司法》(2018 修正)

《公司法》立法对象涵盖保险公司在内的金融机构等有限责任公司和股份有限公司，对于风险处置规定的解读自然也是从一般意义上的公司出发，保险公司不同于一般性的公司，所以针对性不是很强。而且其分析的重点在于解散形式，破产形式的分析也只是在解散清算过程提及，对于其他风险处置方式的分析显得不足乃至空白。其中关于问题保险公司风险处置的内容主要有：解散、解散清算、宣告破产、破产清算。第一百八十一条和第一百八十三条是公司解散的原因，第一百八十四条的内容是解散清算，第一百八十八条是解散清算转变到宣告破产，第一百九十条是关于破产清算的内容。

第一百八十条是关于公司解散原因的，"公司因下列原因解散：（一）公司章程规定的营业期限届满或者公司章程规定的其他解散事由出现；（二）股东会或者股东大会决议解散；（三）因公司合并或者分立需要解散；（四）依法被吊销营业执照、责令关闭或者被撤销；（五）人民法院依照本法第一百八十二条的规定予以解散"。这里，第（四）项的内容"依法被吊销营业执照、责令关闭或者被撤销"，撤销是解散的原因之一，撤销将导致解散清算，这与《金融机构撤销条例》（2001）中提到的撤销存在一定的冲突关系。第一百八十三条是关于解散清算的时间、清算组的人员组成的规定，"公司因本法第一百八十条第（一）项、第（二）项、第（四）项、第（五）项规定而解散的，应当在解散事由出现之日起十五日内成立清算组，开始清算……"。第一百八十七条的内容说明如何从解散清算转到宣告破产及破产清算①。第一百九十条是关于破产清算规定，"公司被依法宣告破产的，依照有关企业破产的法律实施破产清算"。

梳理《公司法》中关于问题保险公司处置的思路（见图 4-1）：首先是分析公司解散的五条原因，满足第一、二、四、五项内容的公司需要进行清算，如果清算组发现公司财务不足以清偿债务的，依法向人民法院申请宣告破产，之后实施破产清算。

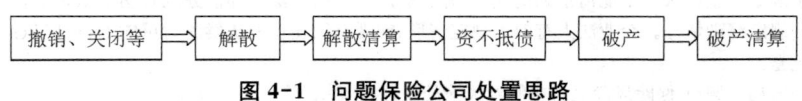

图 4-1　问题保险公司处置思路

3.《中华人民共和国企业破产法》

2006 年 8 月 27 日，第十届全国人民代表大会常务委员会第二十三次会议通

---

① 第一百八十七条："清算组在清理公司财产、编制资产负债表和财产清单后，发现公司财产不足清偿债务的，应当依法向人民法院申请宣告破产。公司经人民法院裁定宣告破产后，清算组应当将清算事务移交给人民法院。"

过《企业破产法》，其中关于风险处置的内容有：重整、破产、接管、托管、和解、清算，详见图4-2。《企业破产法》的第二条是前提性、条件性的规定，第七条规定了破产程序的发起人，第七十八条则规定了从重整程序转到宣告破产的条件，第一百三十四条规定了国务院金融监督管理机构对含保险公司在内的金融机构采取行政处置程序的优先权。

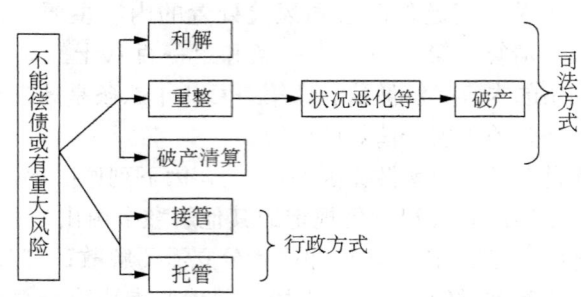

图4-2 《企业破产法》规定问题保险公司的风险处置方式

第二条的规定是条件性的①，经常被其他法律法规条款引用，说明了企业进入破产程序的前提条件，但是具体到保险公司资产负债的特殊性，又有不同的情形。保险公司经营具有长尾效应，存在着两种不能清偿到期债务的情形，一种是事实上的保险责任到期不能清偿债务；另一种是准备金对应资产被严重损耗、预期不能清偿债务。"企业法人不能清偿到期债务"究竟采用哪种情形，相关法规没有予以明确说明②。第七条的内容规定破产程序的发起人有三个：债务人、债权人、企业法人。第七十八条规定了从重整到宣告破产的几种情形③。第一百三十四条针对含保险公司在内的金融机构的特殊规定，国务院金融监督管理机构可以采取接管、托管等行政措施，并可申请中止民事诉讼程序等司法程序④。

---

① 第二条规定："企业法人不能清偿到期债务，并且资产不足以清偿全部债务或者明显缺乏清偿能力的，依照本法规定清理债务。企业法人有前款规定情形，或者有明显丧失清偿能力可能的，可以依照本法规定进行重整。"

② 重庆保监局课题组.保险风险处置机制及风险处置探析[J].保险研究．2011(3)：7.

③ 第七十八条规定："在重整期间，有下列情形之一的，经管理人或者利害关系人请求，人民法院应当裁定终止重整程序，并宣告债务人破产：（一）债务人的经营状况和财产状况继续恶化，缺乏挽救的可能性；（二）债务人有欺诈、恶意减少债务人财产或者其他显著不利于债权人的行为；（三）由于债务人的行为致使管理人无法执行职务。"

④ 第一百三十四条规定："商业银行、证券公司、保险公司等金融机构有本法第二条规定情形的，国务院金融监督管理机构可以向人民法院提出对该金融机构进行重整或者破产清算的申请。国务院金融监督管理机构依法对出现重大经营风险的金融机构采取接管、托管等措施的，可以向人民法院申请中止以该金融机构为被告或者被执行人的民事诉讼程序或者执行程序。"

《企业破产法》的法律条款中出现较多的词语是"重整"。其第二条中提到企业法人有前款规定情形，或者有明显丧失清偿能力可能的，可以依照本法规定进行重整。第七条中债务人有本法第二条规定的情形，债务人可以发起重整、和解或者破产清算申请。第七十八条规定了重整走向破产的几种情形。以上三条内容都是针对一般意义上的企业的。第一百三十四条的内容是针对包括保险公司在内的金融机构，就国务院金融监督管理机构对金融机构进行重整或者破产清算的申请，以及对出现重大经营风险的金融机构采取接管、托管等措施进行了规范。

总之，《企业破产法》是与市场退出制度最直接相关的法律，但它是针对所有企业而言的。而金融机构尤其是保险企业是非常特殊的金融服务企业，需要有具体的条例和实施规则。

4.《中华人民共和国保险法》（2015 年修正）

《保险法》包含《保险合同法》和《保险监管法》相关要素成分在里面，它是关于保险公司风险处置的最重要法规，其中《保险监管法》中涉及的处置方式有：解散、重整、和解、破产、整顿、接管、撤销、清算。尤其重点分析了解散、整顿、接管、撤销、破产、清算等。

《保险法》第八十九条是关于保险公司解散的原因、条件及解散清算的规定。第八十九条规定："保险公司因分立、合并需要解散，或者股东会、股东大会决议解散，或者公司章程规定的解散事由出现，经国务院保险监督管理机构批准后解散。经营有人寿保险业务的保险公司，除因分立、合并或者被依法撤销外，不得解散。保险公司解散，应当依法成立清算组进行清算。"这里的解散是符合条件原因的直接解散，不同于《金融机构撤销条例》中提到的解散，是在撤销之后终止其经营活动后的解散。当然，两种解散的最终结局是一致的，都是解散清算。第九十条是走司法程序（重整、和解或者破产清算）的规定，是对《企业破产法》第二条的回应，"保险公司有《中华人民共和国企业破产法》第二条规定情形的，经国务院保险监督管理机构同意，保险公司或者其债权人可以依法向人民法院申请重整、和解或者破产清算；国务院保险监督管理机构也可以依法向人民法院申请对该保险公司进行重整或者破产清算。"所以，重整、和解或者破产清算的发起人可以是：保险公司、债权人、国务院保险监督管理机构。综合《保险法》第九十条与《企业破产法》第七条的规定①，这里的一个关键问题就是：

---

① 第七条规定："债务人有本法第二条规定的情形，可以向人民法院提出重整、和解或者破产清算申请。债务人不能清偿到期债务，债权人可以向人民法院提出对债务人进行重整或者破产清算的申请。企业法人已解散但未清算或者未清算完毕，资产不足以清偿债务的，依法负有清算责任的人应当向人民法院申请破产清算。"

这个债务人是谁？《保险法》中所指的保险公司就是《企业破产法》中所指的债务人，保险公司的负债主要是对保单持有人的保险利益，因此《保险法》第九十条直接将债务人表达为保险公司；关键问题之二就是国务院保险监督管理机构也可以成为重整或者破产清算的发起人，这里就体现保险公司作为金融机构不同于一般企业的特殊之处，其监管机构在风险处置中的重要地位；关键问题之三是《企业破产法》第七条中依法负有清算责任的人也可以成为破产清算的发起人，这是对《保险法》第九十条的有益补充，因为保险保障基金公司最接近成为保险公司解散清算的负责人。

《保险法》第一百四十条是对限期改正及其升级为整顿的规定。第一百四十条规定："保险监督管理机构依照本法第一百三十九条的规定作出限期改正的决定后，保险公司逾期未改正的，国务院保险监督管理机构可以决定选派保险专业人员和指定该保险公司的有关人员组成整顿组，对公司进行整顿。整顿决定应当载明被整顿公司的名称、整顿理由、整顿组成员和整顿期限，并予以公告。"这也是法律法规中第一次出现整顿的概念，整顿是持续经营的处置方法之一，整顿与重整的关系是什么呢？整顿是行政监管措施，而重整是司法程序，其发起人不同、风险处置的性质也不同。第一百四十四条是接管条件的内容，保险公司有下列情形之一的，国务院保险监督管理机构可以对其实行接管：①公司的偿付能力严重不足的；②违反本法规定，损害社会公共利益，可能严重危及或者已经严重危及公司的偿付能力的。被接管的保险公司的债权债务关系不因接管而变化。接管是持续经营的处置方法之一，这里提出了接管的两个条件。保险公司接管终止的两种可能：一是恢复正常经营。保险公司接管期限届满，接管组织认为通过采取接管措施，被接管的保险公司确已恢复正常的经营能力的，可以向保险监督管理机构提出终止接管的申请。二是保险公司破产。接管期限届满，接管组织认为被接管保险公司的财产已不足以清偿所负债务的，经保险监督管理机构批准，依法向人民法院申请宣告该保险公司破产。

《保险法》第一百四十八条是关于被整顿、被接管的保险公司转入重整或者破产清算程序的规定："被整顿、被接管的保险公司有《中华人民共和国企业破产法》第二条规定情形的，国务院保险监督管理机构可以依法向人民法院申请对该保险公司进行重整或者破产清算。"第一百四十九条是关于保险公司撤销及撤销清算的规定："保险公司因违法经营被依法吊销经营保险业务许可证的，或者偿付能力低于国务院保险监督管理机构规定标准，不予撤销将严重危害保险市场秩序、损害公共利益的，由国务院保险监督管理机构予以撤销并公告，依法及时组织清算组进行清算。"《金融机构撤销条例》第五条规定："金融机构有违法违规经营、经营管理不善等情形，不予撤销将严重危害金融秩序、损害社会公众利益的，应当依法撤销。"这里有几个关键点：第一，撤销行使的主体不同，《保险法》中是国务院保险监督管理机构行使撤销权力，《金融机构撤销条例》中是中国人民银行行使撤销权力；第二，《保险法》中规定撤销的原因多了一个，即"偿付能力低于国务院保险监督管理机构规定标准"，这也是对保险公司经营特殊性的体现；第三，《保险法》中保险公司撤销之后就是撤销清算，而《金融机构撤销条例》中保险公司撤销之后是解散清算，其中的过程略有不同。《保险法》中风险处置方式的归纳详见图4-3。

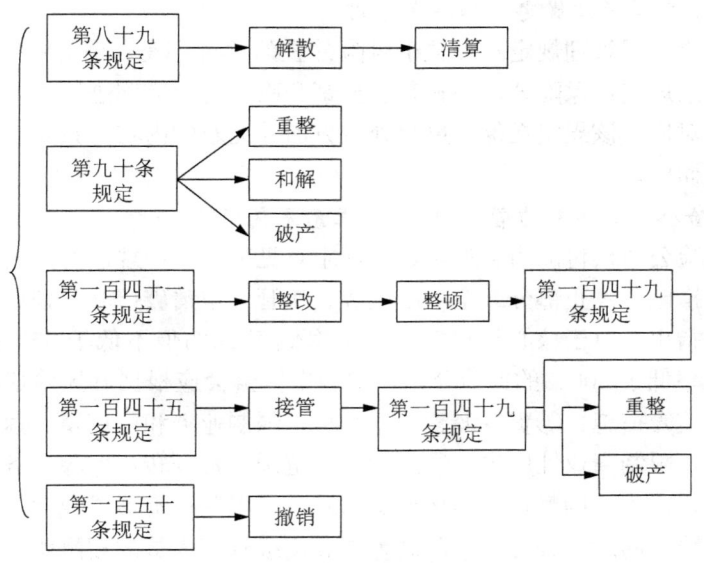

图4-3　《保险法》中的风险处置方式

二、与救助相关的部门规章管理办法及其内容

1.《金融机构撤销条例》

2001年11月23日，中华人民共和国国务院令第324号的《金融机构撤销条例》关于问题保险公司风险处置的内容是：撤销、解散、清算。其第二条分析了撤销的定义，并提及了撤销与解散之间的关系，行使撤销的主体是中国人民银行，最终的结果是解散①。第五条分析了撤销的原因②。第八条规定了撤销清算

---

① 第二条规定："中国人民银行撤销金融机构，依照本条例执行。本条例所称撤销，是指中国人民银行对经其批准设立的具有法人资格的金融机构依法采取行政强制措施，终止其经营活动，并予以解散。"

② 第五条规定："金融机构有违法违规经营、经营管理不善等情形，不予撤销将严重危害金融秩序、损害社会公众利益的，应当依法撤销。"

的清算组成立等内容①。《金融机构撤销条例》有关保险风险处置问题的核心话题是：撤销以及因此而发生的撤销清算。

保险公司也包含在金融机构之内，但保险公司的业务特征与普通金融机构的业务特征又有很大的差异，保险公司主要是负债经营，对客户承诺了相对更大和更长期的责任，同样应该有更为具体的规定和实施程序，比如叫作"保险公司撤销条例"或"保险公司重大风险处置办法"等具体规定。实际上，本书正是为了对此提供研究支持的。

2.《保险公司管理规定》（2015 年修订）

在《保险公司管理规定》中关于风险处置的关键词是：清算②。第二十九条和第三十四条规定：保险公司在解散、撤销和破产之后应该进行清算。与其他相关法律法规对比，该规定在保险风险处置方面并无新的内容，只是对其他条文的重复与引用而已。

3.《保险公司偿付能力管理规定（征求意见稿）》（2017）

在《保险公司偿付能力管理规定（征求意见稿）》中规定的风险处置方式包括：限制性措施、停止部分或全部新业务、接管、申请破产和其他必要措施。其第三十三条指出，对于核心偿付能力充足率低于 50% 但不低于 35%，或综合偿付能力充足率低于 100% 的保险公司，中国银保监会应根据其风险成因采取以下一项或多项监管措施：①责令调整业务结构，限制业务和资产增长速度，限制增设分支机构，限制商业性广告；②限制业务范围、责令转让保险业务或者责令办理分出业务；③责令调整资产结构或交易对手，限制投资形式或比例；④责令增加资本金、限制向股东分红；⑤限制董事和高级管理人员的薪酬水平；对风险和损失负有责任的董事和高级管理人员，责令公司追回其薪酬；⑥责令调整公司负责人及有关管理人员。其第三十四条指出，对核心偿付能力充足率低于 35% 但不低于 0，或实际资本连续两个季度低于 1 亿元的保险公司，除第三十三条的监管措施外，中国银保监会还可以采取停止部分或全部新业务的监管措施。其第三十五条指出，对于核心偿付能力充足率低于 0 或实际资本连续两个季度低于 5 000 万元的保险公司，除本规定第三十三、三十四条的监管措施外，中国银

---

① 第八条规定："商业银行依法被撤销的，由中国人民银行组织成立清算组；非银行金融机构依法被撤销的，由中国人民银行或者中国人民银行委托的有关地方人民政府组织成立清算组。清算自撤销决定生效之日起开始。清算组向中国人民银行负责并报告工作。"

② 第二十九条规定："保险公司依法解散的，应当成立清算组，清算工作由中国银保监会监督指导。保险公司依法被撤销的，由中国银保监会及时组织股东、有关部门以及相关专业人员成立清算组。"第三十四条规定："保险公司有《中华人民共和国企业破产法》第二条规定情形的，依法申请重整、和解或者破产清算。"这里的清算包括：解散清算、撤销清算、破产清算。

保监会还可以采取接管、申请破产以及中国银保监会认为必要的其他措施。第三十七条指出，对于因操作风险、战略风险、声誉风险和流动性风险某一类或几类风险严重，风险综合评级被评为 D 类的保险公司，中国银保监会可以采取停止部分或全部新业务、接管、申请破产以及中国银保监会认为必要的其他措施。

《保险公司偿付能力管理规定（征求意见稿）》的风险处置措施都与偿付能力状况相关联，偿付能力充足状况不同的公司所面临的风险处置措施自然也是不同的，从宽松到严格的措施包括：限制性措施、停止部分或全部新业务、接管、申请破产和其他必要措施。

4.《保险公司保险业务转让管理暂行办法》

自 2011 年 10 月 1 日起施行，其中关于风险处置的内容有：保险业务转让、终止业务。其中第四条规定保险公司转让保险业务，应当遵循自愿、公开、公平、公正的原则；第六条规定保险业务转让双方应当在平等协商基础上订立保险业务转让协议；第八条规定保险业务受让方保险公司的必需条件；第十五条规定保险公司转让全部保险业务，依法终止其业务活动的，应当在转让协议履行完毕之日起十五个工作日内向中国银保监会办理保险许可证注销手续，并向工商行政管理部门办理相关手续。

《保险公司保险业务转让管理暂行办法》规定的保险业务转让，是指保险公司之间在平等协商基础上自愿转让全部或者部分保险业务的行为。保险公司通过业务转让，达到自愿退出保险市场或者剥离部分保险业务的目的。这种自愿转让不同于《保险法》规定的强制转让。也就是说，经营有人寿保险业务的保险公司在被撤销或者破产情形下发生的保险业务转让、因偿付能力不足而被监管机构强制要求的保险业务转让，都不适用该暂行办法。

5.《保险保障基金管理办法》

自 2008 年 9 月 11 日起实行，它是保险风险处置的重要法规之一。其中，第三条规定了保险保障基金的救助对象：保单持有人、保单受让公司或者处置保险业风险的非政府性行业风险救助基金①。第六条规定设立了本书的救助决策主体：中国保险保障基金有限责任公司②。第八条的内容规定了保险保障基金公司

---

① 第三条规定："本办法所称保险保障基金，是指按照《中华人民共和国保险法》和本办法规定缴纳形成，在本办法第十六条规定的情形下，用于救助保单持有人、保单受让公司或者处置保险业风险的非政府性行业风险救助基金。"

② 第六条规定："设立国有独资的中国保险保障基金有限责任公司（以下简称保险保障基金公司），依法负责保险保障基金的筹集、管理和使用。保险保障基金公司依法独立运作，其董事会对保险保障基金的合法使用以及安全负责。"

的重要职能：监测保险业风险——重大风险、提出监管处置建议、提供救助或者参与对保险业的风险处置工作、参与保险公司的清算工作。第十六条规定了动用保险保障基金的两个条件：第一，保险公司被依法撤销或者依法实施破产，其清算财产不足以偿付保单利益的；第二，中国银保监会经商有关部门认定，保险公司存在重大风险，可能严重危及社会公共利益和金融稳定的。

《保险保障基金管理办法》是金融三大行业风险救助基金相关法规的首次"试水"，具有重要的引领和启示作用。从风险处置的视角来看，该管理办法还是比较抽象的，基金公司选择风险处置措施的依据和时机等重要内容还未能明确，当然这也是今后可以不断迭代完善的地方。

三、与救助相关法律法规的现存问题

综合以上法律法规等内容，通过对问题保险公司风险处置方式的分析，总结问题保险公司各种可能的风险处置方式及其关系，具体方式包括：整改、托管、接管、整顿、并购、重组、撤销、解散、破产、和解、维持持续经营救助和业务转让。

目前该法律体系至少还存在如下问题：

（1）缺乏问题保险公司救助的专项法规。以上法律法规之中，哪一种对问题保险公司的救助等风险处置起到直接作用呢？目前来看，似乎都可以发挥作用，但又都欠缺针对性且不够完善。因此，实务中迫切需要一部乃至多部专门针对救助问题保险公司的法律法规，如《问题保险公司救助条例（办法）》等。

（2）不同法律法规之间的专业术语还存在不一致的现象。如《保险法》第一百四十条中出现的"限期改正"的概念，其实就是《保险公司偿付能力管理规定》第四十条中所指"整改"的意思，但是在表述上却出现了不必要的分歧。

（3）有关保险公司风险处置方式的现行法律法规中，缺乏三种重要的持续经营的处置形式：救助、重组与并购。

（4）问题保险公司风险处置方式的选择依据不明确。对问题保险公司的处置应该遵循风险匹配的原则，比如对于问题较轻的公司应该采取"整改、托管"等处置方式，而对于问题较为严重的则直接进行"接管、重整、撤销"等处置方式。

（5）《保险保障基金管理办法》中并未对问题保险公司救助决策主体的权限责任进行明确规定，如是否应该赋予保险保障基金公司监管权、破产管理人等清算权。

第二节 问题保险公司救助的监管环境

我国《保险法》授权银保监会作为保险市场的监管者和主管部门，即所谓"依法监管"。但是，在不同的监管体系及相关环境因素下，监管者获得的授权会有所不同，这将影响到监管目标和监管决策行为。为此，有必要梳理我国保险体系的监管环境并分析监管者的决策目标，以提高救助决策分析的及时性和科学性。

一、监管者与救助决策者

监管主体，又称监管者，既可以是政府机构，也可以是企业及其他一切非政府组织，还可以是个人。将中文词汇"监管"直接解读为"监督和管理"容易引起误解，"监督"和"管理"的各自的含义有不一致的成分。事实上，"监督"（对应英文术语为 supervise 或 monitor）往往强调主体要相对独立和客观，而"管理"（对应英文术语为 administrate 或 manage）往往强调主体是客体的上级，是指挥和服从关系（谢志刚、马海峰，2010）。中文词汇"监管"所对应的最恰当的英文词汇应该是"regulation and supervision"。其中，regulation 是一个静态的概念，指主体在法律授权下通过制定规章制度和经营规则，强调监管的规制；而 supervision 是个动态概念，指对于监管对象进行的监管活动和过程等，强调监管的动态活动特征。

目前，我国金融业实行的是"混业监管"的方法，监管主体是"一行二会"，即中国人民银行、证监会和银保监会，分别按照《中国人民银行法》《商业银行监督管理法》《证券监督管理法》和《保险法》的授权行使各自的监管职能，除央行外，两个"监督管理委员会"的英文名称都是"Regulatory Commission"，没有将"管理"的意思翻译为 administration 或 management。

但在事实上，银保监会和证监会的监管权力还是有差别的。以银保监会为例，银行业除了《银监法》外，还有《商业银行法》，前者是公法或监管法，而后者是私法或合同法，分工明确。而《保险法》则是将属于公法的"监管法"和属于"私法"的保险合同法合二为一，写入同一部《保险法》中，这样一来，就难以在《保险法》中明确界定保险监管的目标是什么，也进而难以明确银保监会的职能。事实上，银保监会不仅是我国保险业和保险市场的监管者，也是我国保险行业的主管部门，在一定程度上担任了国有保险企业出资人代表的职责。

银保监会借鉴国际保险监管核心原则，并遵循审慎监管的基本原则，采用了

"三支柱"（即偿付能力、公司治理结构和市场行为监管）的监管框架，努力构筑防范风险的五道防线：①公司治理与内部控制；②偿付能力；③现场检查；④资金运用；⑤保险保障基金。

银保监会在其官方网站公开的主要职责如下：①依法依规对保险业实行统一监督管理，维护保险业合法、稳健运行，对派出机构实行垂直领导。②对保险业改革开放和监管有效性开展系统性研究。参与拟订金融业改革发展战略规划，参与起草保险业重要法律法规草案以及审慎监管和金融消费者保护基本制度。起草保险业其他法律法规草案，提出制定和修改建议。③依据审慎监管和金融消费者保护基本制度，制定保险业审慎监管与行为监管规则。④依法依规对保险业机构及其业务范围实行准入管理，审查高级管理人员任职资格。制定保险业从业人员行为管理规范。⑤对保险业机构的公司治理、风险管理、内部控制、资本充足状况、偿付能力、经营行为和信息披露等实施监管。⑥对保险业机构实行现场检查与非现场监管，开展风险与合规评估，保护金融消费者合法权益，依法查处违法违规行为。⑦负责统一编制全国保险业监管数据报表，按照国家有关规定予以发布，履行金融业综合统计相关工作职责。⑧建立保险业风险监控、评价和预警体系，跟踪分析、监测、预测保险业运行状况。⑨会同有关部门提出保险业机构紧急风险处置的意见和建议并组织实施。⑩参加保险业国际组织与国际监管规则制定，开展保险业的对外交流与国际合作事务。完成党中央、国务院交办的其他任务。

为维护行业的健康发展，作为监管者的银保监会常常是救助问题保险公司的重要决策者之一，尤其是当问题保险公司存在系统性风险等重大风险时。但是，由于银保监会的监督管理工作繁杂，理应设立一个独立机构来负责救助问题保险公司的决策、行动实施等工作。当然，银保监会设立的独立机构——保险保障基金公司成为问题保险公司的救助决策主体也是非常合适的。虽然在现行制度下，基金公司主要用于救助保单持有人，但是拓展其现有的救助范围，对问题保险公司的风险进行预警、识别、评估等，并进一步做出是否对其实施持续经营救助的决策分析，这也能够完善保险保障基金制度、问题保险公司的救助机制和保险市场退出机制。

二、保险监管的理念和方式

保险监管的理念和方式，国际上有两种不同理念：规则导向（rule based）监管方式和原则导向（principle based）监管方式。

英国金融监管局（FSA）于2006年10月正式推行"原则导向"监管理念，与风险为本（risk based）的监管理念有机融合、相辅相成，英国金融监管的这种理念，后被世界各国监管者广泛推崇，成为国际领先的监管理念。2008 年，风靡一时的"风险为本"与"原则导向"没有能使英国规避掉危机，北岩（Northern Rock）银行挤兑危机等事件使得英国监管当局不得不对其现行的监管方式和理念进行深刻反思①。国际保险监督官协会（IAIS）也因此启动了发展战略调整，研究建立全球统一的保险监管规则，推动保险领域的监管改革。近年来，英国、美国和欧盟都提出了金融监管改革方案，其中的重要内容之一就是寻求正确的监管方式。

虽然原则导向已经成为国际监管的理念，但是原则导向如何落实，并如何协调与规则导向的关系，尤其对于中国这样的新兴市场如何把握原则与规则之间的关系，在世界保险业范围内也广受讨论。坚持单一的规则导向监管或者完全放弃规则导向监管都会造成监管失效。虽然原则导向监管已成为国际保险监管的先进理念，但其并不能完全替代规则导向监管，两者在我国保险监管实务中都不可或缺（马海峰、谢志刚，2011）。我国保险监管工作的重心应是在原则导向指引下规则制订的科学性和合理性。规则导向监管在实践中起着警示作用，寻求与制订合理的监管标准与依据依然是实施有效监管的利器。当我国保险监管发展到一定高度，具备一些软硬件时，就可以逐步实现从规则导向监管为主到原则导向监管为主的转变。

不同的监管方式将会影响到问题保险公司救助的决策程序和实施步骤。因为在原则导向方式下，强调保险公司自身风险管理的重要性，监管者只是在原则上给予方向性指导，并不对保险公司的实际经营状况进行数据指标化的监督，因此会造成对于问题保险公司风险预警识别的延误，失去对其进行救助的最佳时机。原则导向监管方式对于保险公司自身的素质有较高要求，但目前行业状况与此目标还有差距，所以，站在救助问题保险公司的视角，规则导向监管方式依然有着重要的现实意义，不能轻易放弃。

三、保险保障基金公司与其他机构关系的定位

作为防范风险的最后一道防线，保险保障基金制度任重而道远。该制度面临的三大任务是如何汇集、管理和使用保险保障基金。而本书的研究涉及其中的后面两项任务，尤其是如何参与救助处于危机中的保险公司。设立保险保障基金的初衷，是救助保单持有人、保单受让公司或者处置保险业风险，但首先必须明确该制度的执行主体。

《保险保障基金管理办法》第二十六条规定：中国银保监会依法对保险保障基金公司的业务和保险保障基金的筹集、管理、运作进行监管。因此，我国保险

---

① 时辰宙.英国式金融监管的悖论与启示[J].上海经济研究,2010(2):54-55.

保障基金制度的运作格局可以简单地表述为银保监会监管基金公司，基金公司管理基金的运作。

现行制度下，保险保障基金的主要职能是救助保单持有人和保单受让公司，以及参与保险业的风险处置工作。持续经营救助并不是保险保障基金的工作重心。但是，随着风险决策理论的发展，以及实践中保险风险处置经验教训的总结，持续经营救助将成为保险保障基金及存款保险公司的重要职能。因为，有选择的持续经营救助可以提高救助的成功率、降低救助成本，并且能够有效地稳定行业信心。一方面问题保险公司在未得到救助之前，风险仍将进一步发展，之后的救助成本都会更高；另一方面，及时的持续经营救助能够阻止风险的传递，减少系统性风险发生的可能性，有利于行业稳定。随着保险风险处置机制的不断完善和深化发展，持续经营救助必将受到重视，并将成为基金公司的重要职责。因此，实践中我国保险公司出现偿付能力不足等问题以后，监管机构多数选择的是持续经营救助，如对永安财产保险公司（1997）、新华人寿保险公司（2006）、中华联合财产保险公司（2008）、安邦保险集团（2018）等的救助。

几乎每家保险公司的风险处置都会触动各方面的神经，保险保障基金公司作为其中的主要参与者，需要协调处理各方利益和关系。因此，保险保障基金公司要明确自身的职责与定位，然后据此对各方面的主体做出合理的互动协调。保险保障基金公司在风险处置过程中要和三个方面的主体发生密切联系：一是与银保监会、财政部、中国人民银行等上级监管机构之间；二是与市场主体保险公司之间；三是与救助对象保单持有人之间。详见图4-4。

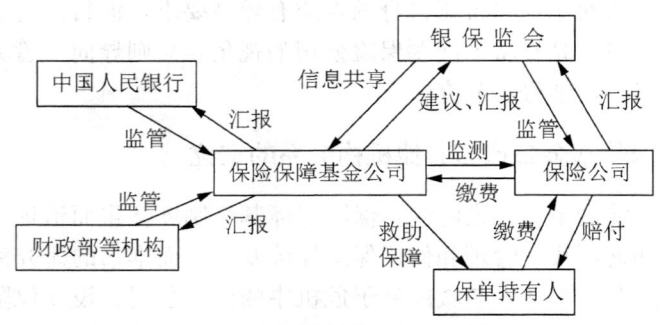

图4-4　保险保障基金公司与其他机构的关系定位

1. 与银保监会、财政部、中国人民银行等之间的关系定位

保险保障基金公司与银保监会之间的关系在《保险保障基金管理办法》第八条、第九条、第十一条得到说明，银保监会既是基金公司的管理机构，又与基金公司具有共同的任务和目标，参与公司的董事会，双方建立起保险公司信息共享机制，而基金公司定期向银保监会汇报经营状况并提出监管建议。保险保障基金公司与中国人民银行、财政部的关系参见《保险保障基金管理办法》第九条"保险保障基金公司设立董事会，董事会成员由中国银保监会、财政部、中国人民银行、国家税务总局、国务院法制办推荐"以及第二十七条"财政部负责保险保障基金公司的国有资产管理和财务监督"。因此，银保监会、财政部、中国人民银行、国家税务总局、国务院法制办都是保险保障基金公司的主管单位，这些机构的意志通过其推荐的董事会成员来实现。保险保障基金公司自身应定位于银保监会、财政部、中国人民银行等机构的下级机构，接受这些机构的监督，尤其是要直接接受银保监会的监督管理，并定期向其汇报工作。总之，银保监会负责管理保险保障基金公司业务等；财政部负责保险保障基金公司的国有资产管理和财务监督，审批预算、决算方案等；在动用保险保障基金时，由中国银保监会拟定风险处置方案和使用办法，经商有关部门后报国务院批准。

2. 与保险公司之间的关系定位

保险保障基金公司监测保险公司的风险，必要时会对部分问题保险机构实施救助行动，对保单受让公司提供救助，并参与保险业的风险处置工作。在保险公司被依法撤销或者依法实施破产等情形下，参与保险公司的清算工作。法律依据可见《保险保障基金管理办法》第八条、第二十一条。保险公司依法缴纳保险保障基金，具体见《保险保障基金管理办法》第十三条、第十四条、第十五条的相关内容。保险保障基金公司与保险公司之间的关系定位于监管者、救助者。一方面，基金公司要监测保险公司的风险，同时监督保险公司缴纳基金；另一方面，当保险公司出现偿付能力不足等风险时，基金公司要给予维持持续经营救助或事后救助，支付相应数额的基金。

3. 与保单持有人之间的关系定位

保险保障基金公司对财产保险保障基金和人身保险保障基金实行分账管理、分别使用。财产保险保障基金仅用于向财产保险公司的保单持有人提供救助，以及根据《保险保障基金管理办法》第十六条第（二）项认定，在存在重大风险的情形下对财产保险公司进行风险处置。人身保险保障基金仅用于向人身保险公司的保单持有人和接受人寿保险合同的保单受让公司提供救助，以及根据《保险保障基金管理办法》第十六条第（二）项，在认定存在重大风险的情形下，对人身保险公司进行风险处置。保险保障基金公司与保单持有人之间的关系：基金公司是保单持有人利益的保障者和救助者。无论是财产或是人身保单持有人，在其原有保险公司发生危机时，基金公司要么通过维持持续经营救助使原有公司恢复正常经营，间接救助保单持有人，要么在原有公司破产等退出市场后给予保障，通过事后救助补偿保单持有人的利益，要么协助原有公司将保单责任转让给受让公司，以维持保单利益的持续有效来保障保单持有人的利益。

作为救助问题保险公司的重要决策者，保险保障基金公司与其他机构的关系定位包括三个方面：首先，它需要服从三个上级主管机构（银保监会、财政部、中国人民银行）的监管，并负有向其汇报行业风险情况和提出处置建议的义务。其次，保险保障基金公司负有对保险公司收取基金费用并监测其是否存在重大风险，以及对问题保险公司实施救助的职责。最后，基金公司对于保单持有人起到救助和保障的作用。

总之，保险保障基金公司是保险保障基金制度的执行主体，作为银保监会等监管下的一个法人公司，除负责基金的筹集、管理和运作外，还承担着监测和参与处置保险业重大风险的监管职责。为了实现这一目标，有必要通过法规程序，赋予保险保障基金公司必要的监管权力，将其逐步定位为一个"半企业、半监管机构"，既在银保监会的领导之下，又与之形成一种职能互补关系，并成为我国金融监管协调机制中的重要一环。

第三节　保险保障基金公司的决策权限

保险保障基金公司的根本目标是维护基金安全和保障保单持有人的利益，主要包括救助职能和补偿职能。《保险保障基金管理办法》第八条具体规定了六项主要职能①，除了负责筹集、管理、运作保险保障基金外，另外两项职能主要可以概括为：①监测保险业重大风险，并向中国银保监会提出监管处置建议。②参与对保险业的风险处置工作，包括救助或清算工作等。因此，按照该《办法》，保险保障基金公司虽然以法人公司的方式独立运作，但在职能上更像是中国银保监会下设的一个专门监测和处置保险业"重大风险"的参谋和技术咨询机构。

作为防范风险"五道防线"的最后一道防线，保险保障基金制度的行为和执行主体是保险保障基金公司，其核心管理目标就是维护基金的安全和保障保单持有人的合法利益。这里需要研究的问题是，目前赋予保险保障基金公司的对重大

---

① 《保险保障基金管理办法》第八条规定："保险保障基金公司依法从事下列业务：（一）筹集、管理、运作保险保障基金；（二）监测保险业风险，发现保险公司经营管理中出现可能危及保单持有人和保险行业的重大风险时，向中国保险监督管理委员会（以下简称中国银保监会）提出监管处置建议；（三）对保单持有人、保单受让公司等个人和机构提供救助或者参与对保险业的风险处置工作；（四）在保险公司被依法撤销或者依法实施破产等情形下，参与保险公司的清算工作；（五）管理和处分受偿资产；（六）国务院批准的其他业务。"

风险的技术监测和处置建议权，以及对风险处置活动的参与权，是否足以有效保证实现其管理目标？

一、关于保险保障基金公司的监管权

基于对保险监管内涵和保险保障基金制度目标的分析，本书认为有必要依照法定程序，明确赋予和界定保险保障基金公司监管权和监管职能，具体理由如下。

（1）保险保障基金制度针对的是保险业重大风险，引爆这类重大风险的外部因素往往是一些突发事件。作为负责监测重大风险的保险保障基金公司，应该具备紧急处置一些处于萌芽状态危机事件的功能。比如，如果发现某个问题保险公司的高管有逃逸或向海外转移资金的动向时，如果仅仅是以正常程序向中国银保监会报告并提出处置建议，很有可能会贻误最佳救助时机。如果能赋予基金公司一种特别监管权，比如，有权直接向银行部门提请冻结保险公司的资产账户、向国家安全部门提请取消问题保险公司高管出境资格，或者直接宣布立即停止问题保险公司继续出售保险合同等，对于实现保险保障基金的目的来说，应该是十分重要的。并且由于独立的第三方监管者身份，其权力被滥用的可能性极小。

（2）实现保险监管的目标，尤其是监管重大风险，至关重要的是建立有效监管协调机制。事实上，《保险保障基金管理办法》是由银保监会与财政部和中国人民银行共同制定、经三个部门负责人签署后发布的。由此可见，实现保险保障基金制度的目标，必定需要至少这三个部委之间的某种协调，而基金公司既已作为一个独立法人来管理基金，理论上已经超越了作为银保监会的"参谋和参与"职能，至少有必要具体落实与三个部委的监管协调关系，比如，具体与银保监会的哪些部门、如何分享监管信息，具体向哪个部门、以何种方式提出监管处置建议，如果处置方案被耽搁或方案错误，责任如何承担，在处置问题保险公司的破产清算、转让或重组等事务中，究竟如何"参与"，必须参与还是应邀参与，具体承担什么职责，等等。

（3）从国际保险监管的实践看，保险保障基金公司从基本的救助与补偿职能开始，必定会延伸出监管职能，即便只是辅助监管职能。因为保险保障基金公司并不是被动地实施救助或者提供补偿，而是基于成本最小化原则对救助方式进行选择评估，救助或者不救助都以保障基金安全和保护保单持有人利益为选择依据。对问题保险公司进行监管也是对保单持有人和其他保险公司的负责任行为，在情况危急、必要时采取接管和终止等监管方式可以避免破产风险的进一步扩大，赋予保险保障基金公司对保险公司的监管权和监管职能的目的，还是使其更好地行使救助职能与补偿职能，以实现其根本目标。

当然，究竟应该如何赋予保险保障基金公司一定的监管处置权，如何有效发挥保险保障基金制度的监管作用，实现设立基金的根本目的，还有待于实践的进一步检验。由于保险业在该领域的进展相对比较落后，远不如银行业所建立的、与保险保障基金制度完全平行的银行存款保险制度成熟，因此，一项很重要的研究工作就是借鉴银行存款保险制度的经验来完善保险保障基金制度。以美国银行存款保险公司（FDIC）为例，经过 70 多年的发展，FDIC 已经建立了规范的监管程序，实行以问题机构管理为导向的监管方式，尤其在次贷危机引发的 2008 年金融海啸中，发挥了非常积极的监管作用，对于保险保障制度的持续稳定具有重要意义。为此，以下进一步比较分析和借鉴银行存款保险制度的相关经验。

二、发达国家和地区相关经验的借鉴

保险保障基金制度与商业银行业的存款保险制度的本质属性相同，都属于行业风险救助基金，是对客户的显性（explicit）保护基金，其筹集、管理和运作方式也十分类似。美国、加拿大、韩国和日本等国家的银行存款保险制度相对比较发达，中国台湾和中国香港地区也都较早建立了银行存款保险制度，考察这些基金制度，其共同的主要特点之一，就是赋予了运作基金的执行主体——银行存款保险公司一定的监管权力，这些公司，比如美国的 FDIC 和韩国的 KDIC，既作为基金的管理者、同时又作为一家金融监管机构而存在。

表 4-1 汇总了部分发达国家和地区的经验。其中，存款保险公司的监管权主要包括两个方面：一是对于行业的监督检查权，除中国香港地区以外，其他五个国家和地区的存款保险公司都具有监督检查权，这也说明赋予存款保险公司监督检查权已是发达国家和地区的成功经验之一；二是对问题保险公司的处置权，具体涉及接管权、终止权、清算权、整顿、参与重组等。对于问题金融机构的处置权也属于存款保险公司的监管权的范围，发达国家和地区的做法包括清算、接管、重组、财务援助、终止等。虽然，处置权的表现形式各个国家有所不同，但是其实施的依据还是救助成本最小化原则和保单持有人利益至上原则。

表 4-1　发达国家和地区存款保险公司的权限

国家或地区	基本权限	处置方式
美国	1. 提供存款保险 2. 管理监督银行体系 3. 处理清算有问题的金融机构	1. 直接偿付存款人 2. 收购与承接 3. 银行持续经营救助

（续表）

国家或地区	基本权限	处置方式
加拿大	1. 强制性地要求吸收存款的金融机构成为其成员 2. 监督检查 3. 提供财务和管理方面的援助，具有接管权、处置权	1. 直接出售法 2. 出资盘活法 3. 业务转移法
韩国	1. 保险金支付 2. 破产金融机构的处置方式 3. 机构重组 4. 财务援助 5. 对投保机构的检查	1. 行使清算人或破产管理人的责任 2. 代理破产金融机构行使损害赔偿请求权或加入诉讼，并可对破产金融机构的业务和财产状况和人员进行调查
日本	1. 对存款保险系统进行管理和检查 2. 参与失败金融机构的财务重组 3. 清收问题金融机构不良贷款，支持处置回收公司的收购业务 4. 参与健全金融机构的有关活动（如资本注入、收购不良贷款等）	
中国香港	1. 付款箱职能 2. 缺乏监管职能	
中国台湾	1. 金融稽查 2. 辅导和财务协助 3. 终止、接管及清算	

资料来源：苏宁. 存款保险法律制度［M］. 中国金融出版社，2008.

关于银行存款保险制度的研究，内容十分庞大，我国金融业也跟踪了多年，这里不再进一步展开。但以上所汇总的证据，足以说明，赋予银行存款保险公司适度的监管权，对于处理行业重大风险发挥了积极作用，典型例子包括韩国 KDIC 在 1997 亚洲金融危机和美国 FDIC 在 2008 年次贷危机中所发挥的积极监管作用。作为刚刚起步的我国保险保障基金公司，完全可以根据自身的实际情况，借鉴和吸收发达国家的这些成功经验。

三、保险保障基金公司监管权范围的建议

在银保监会监管之下的保险保障基金公司，为了有效实现其设定的目标，仍然可能被赋予一定的监管权限。基于我国金融监管的基本格局，赋予保险保障基金公司监管权限的原则，应该是其监管范围和核心职能必须与银保监会形成互补

合作关系。具体地，本书认为，赋予保险保障基金公司的监管权力是针对行业重大风险的"监督检查权"和"处置权"。

1. 监督检查权

我国保险保障基金公司的工作目标之一，是监测保险业的重大风险。既如此，在银保监会内部，就不必再设置承担同样职能的机构和人员，否则就是人力和资源的重复建设和浪费。保险保障基金公司如何才能监测到保险业可能出现的重大风险呢？前提之一是具备充分的监督检查权，而不仅仅是与银保监会相关部门分享监管信息，比如各公司所呈报的财务报表和偿付能力报表备份。监督检查权包括向其他金融监管机构、行业协会、职业组织、咨询机构索取或购买特点资料和技术咨询的权力，以及有权向被监管保险机构行使非例行的调查手段，比如行使类似于保险监管的现场检查等方式的权力。总之，监督检查权的设置以能有效监测重大风险为目标，并以不滥用权力为底线。

2. 处置权

面对重大风险及处于危机中的保险公司，保险保障基金公司是否具有一定的处置权，是体现其监管职能的关键所在。现行《办法》中只要求保险保障基金公司参与对保险业的风险处置工作，尚未赋予任何直接处置的权力，比如上文所提及的例子，在发现问题保险公司高管有出逃或转移挪用资金的嫌疑时，是否有权直接要求银行冻结该公司或高管的个人账户或护照。同样以有效实现设置基金的初衷为目的，应该考虑赋予保险保障基金公司一定的重大风险处置权，或者将银保监会拥有的这部分风险处置权逐步、明确授权给基金公司。

根据《保险法》等法规，并结合国际经验对处置权进行分类，按照处置方式的不同，可以将重大风险的处置权分为直接参与型与间接参与型。直接参与型包括：托管、接管、整顿、解散与撤销等。

（1）托管与接管。托管是根据监管机构的指令，委托其他金融机构或专门组建的机构，对问题金融机构代为管理。接管是指监管机构根据法律授权，派遣人员对问题金融机构直接经营管理，防止其资产质量和业务经营情况进一步恶化。托管是同关闭联系在一起的，一家金融机构被关闭后，便可以进入托管清算阶段。例如，《金融机构撤销条例》第十二条规定："清算期间，清算组可以将清算事务委托监管部门指定的金融机构办理；托管机构不承担被撤销机构的债务。不垫付资金，不负责被撤销机构的人员安置；托管费用列入清算费用。"无论是清算组委托的托管还是监管部门指定的托管，托管组织与清算组或监管部门之间的法律关系均应由信托法来加以规范。接管是指金融监管部门在法院的监督与参与下，对那些经营管理严重失误或者有违法违规行为，已经或可能发生信用危机并具有挽救价值的金融机构，组织实施的旨在恢复其经营能力及信用秩序的司法重整程序①。

　　保险保障基金公司直接托管或接管问题保险公司，直接介入该公司的日常运营管理工作。如果问题保险公司之后能够自行解决问题，起死回生且重归于正常运营将会解除托管或接管状态，否则将进入重整或破产清算程序。《保险法》第一百四十四条规定，保险公司有下列情形之一的，国务院保险监督管理机构可以对其实行接管：①公司的偿付能力严重不足的；②违反本法规定，损害社会公共利益，可能严重危及或者已经严重危及公司的偿付能力的。被接管的保险公司的债权债务关系不因接管而变化。《保险法》并未提及接管的主体是谁，默认的就是银保监会自身。从成本和效率的角度考虑，保险保障基金公司无疑是更好的托管或接管主体。

　　（2）整顿。保险保障基金公司作为风险处置的主要参与者，应作为重要成员参与整顿组，对问题保险公司进行整顿。法律依据见《保险法》第一百四十条，"保险监督管理机构依照本法第一百三十九条的规定做出限期改正的决定后，保险公司逾期未改正的，国务院保险监督管理机构可以决定选派保险专业人员和指定该保险公司的有关人员组成整顿组，对公司进行整顿。整顿决定应当载明被整顿公司的名称、整顿理由、整顿组成员和整顿期限，并予以公告。"因此，整顿行动直接干预了保险公司的自主运营，属于直接参与型的处置方式。一般来说，整顿是接管的前奏，如果整顿失败则很可能进入接管程序。

　　（3）解散、撤销。采取行政程序终止问题保险公司运营的情形主要有：解散、撤销②。保险保障基金的目的就是为保险客户提供保障而不是为公司的所有者提供保护。之所以要救助一家处于破产危机中的保险公司，是因为通过"救活"这家公司可以使保单持有人所受的损失更小，即只有当"救死"的成本可能远远高于"扶伤"成本的条件下，基金公司才应出手相救。否则，为了最终保护保单持有人的利益，避免损失范围的进一步扩大，在一些紧急情况下，保险保障基金公司有权采取解散、撤销等方式先终止问题保险公司的经营，然后再采取其他的监管方式。

　　间接参与型的处置方法包括：重组、并购、限期改正、整改、重整、宣告破产及清算过程等。

　　（1）重组与并购。重组是行政处罚方式，又称行政重组；并购是市场方式，包括兼并、收购两种具体形式，保险保障基金公司作为监督者间接参与这两种形式。参考国外的经验，美国各州的保险法律一般都允许保险公司合并，但合并通

①　孙效敏，秦四海.金融机构接管制度研究[J].金融理论与教学，2005（03）：33-36.

②　符启林.银行法[M].北京：法律出版社，1999.

常只能发生在性质相同和业务类似的保险公司之间。

并购与重组等风险处置方式应成为当前保险公司退出市场的首选模式。在市场经济发达的国家中，80%退出市场的企业是由于被接管、重组、并购而死亡，20%的企业是破产后退出市场的。基金公司参与问题保险公司的重组，以维护保单持有人的利益为主要目的，维持保单的持续有效就是保障保单持有人的利益。保险保障基金要为符合条件的问题保险公司提供更多并购机会，以通过并购活动来达到间接的救助。基金公司可以动用基金来弥补保单价值与保单赔付责任之间的差额，用以救助保单受让公司，从而促成破产保险公司实现重组。

（2）限期改正、整改、重整。限期改正、整改是行政处罚程序，而重整是人民法院主导的司法处罚程序。保险保障基金公司并不真正参与问题保险公司的整改、重整工作，只是间接监督监测问题保险公司的经营情况。通过整改使问题保险公司重新恢复正常经营，保单利益得以有效延续；否则，问题保险公司将进入重整或破产清算程序。重整是对提出破产但还有挽救希望的企业，通过债务人和债权人之间达成谅解，对企业进行必要的改组、债务调整，使企业放下包袱，重新焕发活力，恢复生产经营，避免陷入破产清算境地的一种债务处理方式①。在限期改正、整改、重整程序中，保险保障基金公司并不干预问题保险公司经营，而是作为第三方监督监测问题保险公司的经营情况，如果其恢复正常，整改即结束；如果其经营情况又有恶化迹象，则保险保障基金公司需要协助银保监会等采取更为严厉的方式干预其经营，如接管、整顿等方式。

（3）宣告破产及清算过程。破产程序是由人民法院主导风险处置的主要路径，先宣告破产然后进入破产清算过程。保险保障基金公司参与的清算工作包括：破产清算、解散清算、撤销清算。《保险法》第一百四十八条规定，被整顿、被接管的保险公司有《中华人民共和国企业破产法》第二条规定情形的，国务院保险监督管理机构可以依法向人民法院申请对该保险公司进行重整或者破产清算。第一百四十九条规定，保险公司因违法经营被依法吊销经营保险业务许可证的，或者偿付能力低于国务院保险监督管理机构规定标准，不予撤销将严重危害保险市场秩序、损害公共利益的，由国务院保险监督管理机构予以撤销并公告，依法及时组织清算组进行清算。

综上所述，保险保障基金公司等监管机构根据问题保险公司存在风险的性质和程度，可以有针对性地选择以下处置方式：

第一，对于偿付能力严重不足，以及违法违规经营的公司，由监管部门实施整改、托管或接管。监管部门可以责令问题保险公司停止部分原有业务，暂停接

---

① 李洪国.中国企业破产问题研究[D].长春：吉林大学，2005：110-115.

受新业务，调整资金运用，对现有业务进行整顿规范；通过接管，监管部门直接干预和指导问题保险公司的日常经营管理，帮助问题保险公司在接管期内改善经营状况；经过债务重整和资金注入，给予问题保险公司债务减免、债务延期等支持，改善财务状况，为恢复正常经营能力创造条件。

第二，对于整改、托管或接管无效的，濒临破产、准备金被严重侵蚀的保险公司，优先鼓励优质保险公司对问题保险公司开展并购、重组工作，也可采取撤销、破产等方式，并由保险保障基金公司等监管机构成立清算组依法及时进行清算，并对保单持有人或保单受让公司给予救助。

第三，根据是否引发系统性风险，合理安排问题保险公司的退出路径。对于市场份额较小、社会影响较小、存在重大问题的保险公司，可引导保险公司间并购重组，或者直接予以破产关闭；对于市场份额较大、社会影响较大的问题保险公司，可选择整改、托管、接管予以维持持续经营救助，救助无效后优先考虑以兼并收购方式退出，在难以找到并购方时，再予以破产清算；对于市场规模和社会影响巨大、易引发系统性风险的问题保险公司，应尽力给予维持持续经营救助，或通过重组、并购方式退出，避免通过破产、撤销、解散方式退出市场。

四、保险保障基金公司行使监管权的基础

完成对保险保障基金公司监管权的合理配置之后，接下来的重要问题便是如何行使监管权和履行监管职能，这关系到监管效率的高低。为了使保险保障基金公司更好地行使监管权，根据本书对风险尤其是重大风险的形成和演变机制的研究，有必要做好以下几个方面的基础工作。

1．实时监测风险

实时监测可从三个层面展开：个别风险、行业风险与系统性风险。基金公司既要监测整个经济系统的风险，也要关注保险行业内部风险，同时还需监测公司层面的个体风险，但是其监测的目标仍是"重大风险"。监测的方法分为现场监测和非现场监测，现场监测是对保险公司的日常运营、业务范围、投资状况等进行实地监管；非现场监测主要是通过财务报表、统计数据、新闻信息等对保险公司的偿付能力、资产负债状况、准备金充足率等方面进行分析和监测。

2．逐步建立保险公司风险预警指标体系，实行危机预警监测

构建一组反映重大风险的指标体系，以便事前进行预警识别分析并做出处理，是保险保障基金公司对保险公司进行监管的关键。保险公司在发生重大风险之前，都会出现一些指标的异常变动。每一种重大风险都可以找出一组变量来反映风险到来前后的不同变化，当发生显著异常变动或出现与以前危机相似的状态

时，就表明保险公司可能存在较大风险。我们选择的指标体系不仅仅包含一个指标，而是通过一系列指标的聚焦监测，使得保险公司重大风险的监测更为全面和准确。定性的监测指标并不能使监管落到实处，定量的指标体系能够使监管更具操作性和准确性。例如，FDIC通过建立科学的预警系统，将金融机构区分为正常机构以及可能发生问题的机构，然后对问题机构实行特别监管，即增加检查频率并适当限制其业务经营等。

3．建立监管的信息系统

保险保障基金公司需要建立自己的数据库，建立监管的软件信息系统。通过对保险公司的资本充足率、资产质量、经营管理水平、盈利能力和资产流动性等数据的收集处理、比较，例如，可把保险公司按照数据信息划分为四类不同质量的公司，包括优良、良好、有问题、危机等，分类采取相应的监管办法，使监测的效率更高。例如，中国台湾地区的存款保险公司（CDIC），主要通过 FEWS 来对金融机构进行监管，FEWS 是监管机构用统计计量方法定期评估金融机构经营状况的统计模型。

4．建立监管协调机制与资源共享机制

保险保障基金公司的监管目标与其他监管机构（如银保监会等）之间有所不同，因此建立监管协调机制就很有必要。基金公司的监管目标要与其他监管机构之间形成互补合作的关系，同时要突出对重大风险监管的特点。基金公司除了建立自己的信息系统之外，还要充分利用外部资源的信息，建立起与其他监管机构之间的信息共享机制，与其他高校、行业协会、咨询机构、保险公司等单位的信息共享机制。基金公司得到的信息资源越丰富，监管的可操作性和有效性自然就会越高。

第四节　本章小结

本章内容在结构安排上是为第六章的救助决策分析以及第七章构建救助实务框架做准备和铺垫工作，站在救助问题保险公司的视角，对相关的法律体系、监管环境、保险保障基金制度三块内容进行分析，初步得出以下结论。

一、法律体系方面的结论

（1）相关法律法规、管理办法之中，哪一个对问题保险公司的救助等风险处置起到直接作用呢？目前来看，似乎都可以发挥作用，但又都不够完善。因此，实务中迫切需要一部乃至多部专门针对问题保险公司救助机制的法律法规，类似

于美国的"问题资产救助计划"，如《问题保险公司救助条例（办法）》等，以明确问题保险公司救助的主体、程序、步骤、方式等具体内容。

（2）不同法律法规之间的专业术语还存在不一致的现象。例如《保险法》第一百四十条中出现的"限期改正"的概念，其实就是《保险公司偿付能力管理规定》第四十条中所指"整改"的意思，但是在表述上却出现了不必要的分歧。

（3）有关保险公司风险处置方式的现行法律法规中，缺乏三种重要的持续经营的处置形式：救助、重组与并购。我国保险风险处置方式的选择依据并未形成。对问题保险公司的处置应该遵循风险匹配的原则，比如对于问题较轻的公司应该采取"整改、托管"等处置方式，而对于问题较为严重的则直接采取"接管、重整、撤销"等方式。

二、监管环境方面的结论

（1）为维护行业的健康发展，作为监管者的银保监会常常是救助问题保险公司的重要决策者之一，尤其是当问题保险公司存在系统性风险等重大风险时。但是，由于银保监会的监督管理工作繁杂，理应设立一个独立机构来负责救助问题保险公司的决策、行动实施等工作。当然，作为银保监会设立的独立机构——保险保障基金公司成为问题保险公司的救助决策主体也是非常适合当前国情的。

（2）不同的监管方式将会影响到问题保险公司救助的决策程序和实施步骤。在原则导向方式下，监管者只是在原则上给予方向性指导，会造成对于问题保险公司风险预警识别的延误，失去对其进行及时救助的最佳时机。原则导向监管方式对于保险公司自身的素质有较高要求，但目前行业状况与此目标还有差距，所以，站在救助问题保险公司的视角，规则导向监管方式依然有着重要的现实意义，不能轻易放弃。

（3）保险保障基金公司与其他机构的关系定位包括三个方面：首先，它需要服从三个上级主管机构（银保监会、财政部、中国人民银行）的监管，并负有向其汇报行业风险情况和提出处置建议的义务。其次，保险保障基金公司对保险公司收取基金费用并监测其是否存在重大风险，以及对问题保险公司实施救助。最后，基金公司对于保单持有人起到救助和保障的作用。

三、保险保障基金制度方面的结论

保险保障基金公司是问题保险公司救助的决策主体。作为银保监会监管下的一个法人公司，除负责基金的筹集、管理和运作外，还承担着监测和参与处置保险业重大风险的监管职责。为了实现这一目标，可考虑以下建议：

（1）准备调整现行由银保监会、财政部和中国人民银行共同制定的《保险保障基金管理办法》，明确赋予保险保障基金公司一定的监管权，包括监督检查权和重大风险处置权。

（2）监督检查权包括向其他金融监管机构、行业协会、职业组织、咨询机构索取或购买特点资料和技术咨询的权力；以及有权向被监管保险机构行使非例行的调查手段，比如行使类似于保险监管的现场检查等方式的权力。

（3）对重大风险的处置权包括直接参与型和间接参与型两种，直接参与型的有：托管、接管、解散、撤销与整顿；间接参与型的有：限期改正、整改、重整、宣告破产及清算过程。

（4）保险保障基金公司为了有效行使监管权、防止权力被滥用，还有大量基础工作要做，包括预警、识别问题保险公司重大风险的监管职能，真正落实与银保监会的监管信息共享和建立对问题保险公司的监控和协调救助机制，逐步形成一套针对问题保险公司的救助机制。

第五章

问题保险公司重大风险的识别与评估

以保险保障基金公司为决策者，研究问题保险公司的救助决策问题，就需要进一步分析什么是"存在重大风险，可能严重危及社会公共利益和金融稳定的保险公司"。这包括如何定义或界定重大风险，如何对重大风险进行预警识别、评估。本章首先根据风险属性的不同对保险公司进行分类；然后对保险公司进行偿付能力不足风险的识别，筛选出偿付能力不足型公司；最后对筛选出来的问题保险公司进行是否引发系统性风险的评估，以明确下一步的救助决策程序。

第一节　问题保险公司与重大风险

本书在第一章中把存在巨额资金缺口、偿付能力严重不足、可能发生破产等危机的保险公司称为问题保险公司（troubled insurance company）。另一方面，《保险保障基金管理办法》第十六条中明确规定了可以动用保障基金进行救助或者参与风险处置的条件是："保监会经商有关部门认定，保险公司存在重大风险，可能严重危及社会公共利益和金融稳定的。"因此，问题保险公司的救助决策首先需要评估和判断其是否发生重大风险，以及重大风险与问题保险公司之间的关系是什么。

首先，分析和界定保险公司的"重大风险"。按照《保险保障基金管理办法》的规定，可以将"存在重大风险"理解为导致"严重危及社会公共利益和金融稳定"的因素。换句话说，如果一家保险公司所存在的风险可能"严重危及社会公共利益和金融稳定"，这样的风险就属于"重大风险"。其次，分析保险公司发生了什么情况会"严重危及社会公共利益和金融稳定"，其中的这两种情形在逻辑关系上呈现递进层次，前者是"严重危及社会公众利益"，后者则是严重危及"金融稳定"，后者所表述的内容应该包含前者，即严重危及"金融稳定"就必然会危及"社会公共利益"。显然，第二种情形所表述的风险是属于金融行业的"系统性风险"。

本书认为，先分析系统性风险有助于更好地理解问题保险公司救助问题的实质，尤其是更好地理解风险的演变层次。因此，我们需要重新审视重大风险定义中的第二种情形，即危及金融稳定和经济安全的系统性风险。

一、重大风险与系统性风险

虽然国内外关于系统性风险的定义并无统一公认的标准性结论。但目前比较权威的定义是由国际货币基金组织（IMF）、金融稳定理事会（FSB）和巴塞尔委员会（BIS）联合于 2009 年 10 月在其向 G20 集团提交的一份报告中提及的：

金融行业的系统性风险是指由系统内部的主要部件所发生的故障（称为系统事故）导致的、并将对整个经济体系产生严重的负面影响的系统运行故障。该报告中还设定了判断金融机构是否具有系统性风险的三条准则：规模（size）、关联性（interconnectedness）和不可替代性（lack of substitutability）。

国际保险监督官协会（IAIS）也认可该系统性风险的定义，并进一步建议在上述三条判别准则基础上再加上一条"时效性"（timing）准则，即需要考虑一家机构虽然发生了重大风险，但由于其传递到其他机构和整个系统的时间缓冲较长，其影响也许能够被系统所消化或弱化。典型事例如 2001 年美国的"9·11 恐怖袭击事件"，虽然保险业因此受到重创，但保险业的全部赔付损失并非要在第一时间立即支出，而是在一个两年以上的时间周期中逐步完成，因此它并未引发系统性风险。

目前，无论是在学术界或是实务界，对于"系统性风险"概念的认识还不够深刻和全面，尤其是对系统性风险的形成机制和演变规律还缺乏完整的理解。参照上述国际货币基金组织（IMF）等联合给出的系统性风险的定义，我们首先需要考虑定义者的"立场"和"视角"，作为金融服务业或金融市场的制度设计者、政策制定者或监管者，不能将自己置身于"系统性风险"的"系统"之外、以俯视的角度仅仅关注金融系统中的金融机构是否会发生重创整个系统的所谓系统事件（systemic event）或重大风险，而应该将这套系统的"制度设计者""政策制定者"或"监管者"也纳入这一系统内部，至少与其他商业金融机构一样，都是维持这套系统运作的主要参与者（main stakeholder），正是这些主要参与者的决策行为及其相互作用，并在一些外在因素的驱使下，发生了危及系统正常运行的重大事件，这可称之为系统性风险。

此外，另一个需要强调的特征是"系统"的相对性。当我们谈论"金融系统性风险"时，心目中往往可能专门指自己所在国家的整个金融服务体系或金融市场这个系统。如果往外部或大处看，是这个国家的整个社会经济体系，或与国家有经济金融关联的跨国系统；如果往内部或往小处看，这个国家的金融服务系统再分为银行、证券、保险等子系统；在保险行业系统内，还可以进一步分为人身险系统、财产险系统、保险中介服务系统等等；甚至还可以将一个系统中的一家机构也看作一个运作系统。总之，系统性风险的参照"系统"是相对的，一个特定系统可以由多个"子系统"组成，各"子系统"之间可能交叉和关联。所以，研究系统性风险时，首先应该明确将某一特定系统作为参照坐标，并明确界定该参照系统的运行目标，然后再分析该系统偏离其运行目标的重大偏差，以及该偏差向更大系统的传导效应。

基于以上分析，本书试将"系统性风险"定义为：系统性风险是相对于某一具有明确定位边界的结构而言，由该结构内部主要参与者的自主行为及其相互影响作用、并受该结构外部因素所诱发的、结果严重偏离结构运行目标、并可能传导至更大系统的不确定后果及其可能性的合成效应。

按照所给出定义强调的参照系统的相对性和边界，我们可以将系统风险的相对层次，从小到大依次清晰地罗列为"保险公司本身""保险行业""金融行业""宏观经济"以及全球金融业和全球经济等。本书进一步认为，一旦发生由保险公司引发的超过"全国保险行业"为参照系统的"系统性风险"，要应对或处置这样的系统性风险就超出了保险保障基金的能力范围，保险保障基金制度就无法成为这类风险的"最后一道防线"。

例如，美国国际保险集团 AIG 在 2008 年所遭遇的破产危机。首先，AIG 的危机是因为自身的投资风险等所致，因为其将导致的风险后果非常严重（危机初期的资金缺口就多达 850 亿美元），以及其业务与美国和世界各地金融业的密切关联性等，AIG 所造成的风险已经超出了美国保险业这个系统，进而危及美国整个金融体系、甚至影响到世界保险业和金融业的稳定。因此，2008 年 AIG 的风险不是由美国保险保障基金所能够独自处置的，只能由美国财政部联合联邦储备委员会进行救助。另一方面，如果美国保险保障基金和美国联邦和纽约州的监管机构能够及时识别和预警 AIG 的风险，并提前进行救助等风险处置，也许最终不会导致美国政府动用超过千亿美元的财政资金去救助 AIG。

因此，很有必要先确定系统性风险的参照系统及其边界，然后分析问题保险公司所存在的风险是否属于系统性风险。如果问题保险公司存在危及保险业、金融业甚至整个社会经济的"系统性风险"，保险保障基金公司就必须及时把该风险汇报给银保监会等主管机构，协调并参与政府相关职能部门对问题保险公司的风险处置工作。关于保险保障基金公司对问题保险公司的救助职能，重点在于防范可能发生的系统性风险，以及对可能引发系统性风险的问题保险公司进行提前的识别与预警。

以我国保险业作为默认的参照系统，可以将《保险保障基金管理办法》第十六条中所描述的"重大风险"划分为两类：一是相对于我国保险业为参照系统的"系统性风险"，或称"系统性重大风险"；二是"非系统性重大风险"。具体概括如表 5-1 所示。

表 5-1　重大风险的分类

重大风险	
参照系统：中国保险行业系统	
系统性重大风险	非系统性重大风险

系统性风险的定义强调参照系统的主要参与者的立场和视角。保险保障基金公司作为重要的救助决策者，问题保险公司的"重大风险"只是决策者需要识别和评估的对象，可视作外部因素，由其引发的、导致偏离系统目标的风险才是系统性风险。因此，保险公司的"非系统性重大风险"是引发"系统性重大风险"的原因。注意，这里分析"风险"的视角改变了！需要站在决策者的角度去识别和评估保险公司的"非系统性重大风险"以及其是否会引发"系统性重大风险"。

二、危及社会公众利益的"非系统性重大风险"

如果问题保险公司的风险不属于"系统性重大风险"，那么什么样的风险会危及社会公众利益呢？国际保险业的长期实践证明，保险公司发生破产倒闭的主要受害者或利益受损者，首先是保险公司的客户，其次是保险业的全体保险客户，最后是所有纳税者。以 2001 年澳大利亚第二大非寿险公司 HIH 的破产倒闭案为例，该公司当时的临时清算报告显示，资金缺口为 36 亿～53 亿澳元，为了填补这个巨大的资金缺口，联邦政府（即中央财政或全体纳税人的钱）出资 5 亿澳元，州政府（即部分纳税人的钱）出资 10 亿澳元，而州政府这 10 亿澳元则摊派到州内各保险公司，进而由各公司通过涨价摊派到保险客户。剩下更多的损失则毫无疑问地摊派到了 HIH 公司的客户头上。而且所有这些损失还不包括作为上市公司的 HIH 各类投资者的损失[①]。

对于保险监管目标来说，首先要保护的是保险公司的客户，也就是要监管保险公司的偿付能力，或监管保险公司理赔给付的能力。而保险公司在其经营过程中的各类风险，都会最终影响其财务结果或偿付能力。因此，我们将保险公司的偿付能力风险作为研究"非系统性重大风险"的起点。偿付能力风险是指保险公司无法对保险客户兑现偿付承诺的风险，相当于银行发生挤兑的情形，这种风险很可能引发系统性风险。

衡量保险公司是否发生偿付能力风险，有两种主要观点和方法。第一种是静态的"资产负债表法"，主要是通过资本充足率来反映保险公司在评估时点的资产和负债价值差额。第二种是动态的现金流方法，主要是看保险公司是否有足够的资金来给付到期债务。第二种方法很实在，但不好操作。第一种方法在制定规则时比较简单、明确，但评价结果往往与实际情况有一定的差距。基于上述两种观点和方法的特点，本书将现金流方法下的偿付能力风险称为流动性风险，而将资产负债表方法下的同类风险直接称为偿付能力风险。这两类风险的关系概括如表 5-2。

---

① 　葛云华,谢志刚,等.澳大利亚 HIH 保险公司破产案例[J].精算通讯,2007,3(4):36-37.

表 5-2　非系统性重大风险分类

情形	偿付能力充足	偿付能力不足
流动性充足	正常	偿付能力不足风险①
流动性不足	流动性风险②	严重偿付能力不足风险③

如表 5-2 所示，有三种情形需要关注。第①种，按资产负债表方法的标准来衡量，保险公司出现账面上的偿付能力不足，但由于业务发展没有受到其他因素影响，公司的业务及其现金流仍在正常流动，这是我国市场上常见的一类情况；第②种，按资产负债表方法标准衡量，保险公司不存在偿付能力问题，但可能因为资产与负债的匹配关系，因流动性问题出现偿付风险；第③种，无论用资产负债表标准还是现金流标准，公司都面临危机，我们将其称为"严重的偿付能力风险"或者"偿付能力严重不足风险"。从风险处置的急迫程度来看，第③种情况是最严重的，也是保险保障基金公司进行风险处置的重点对象。而第①和第②种情况下的保险公司，则是保险保障基金公司需要尽早识别和预警的公司。

三、流动性风险与问题保险公司的初步筛选

流动性风险的定义可见《人身保险公司全面风险管理实施指引》（保监发〔2010〕89 号）第二十七条规定，指在债务到期或发生给付义务时，由于没有资金来源或必须以较高的成本融资而导致的风险。另外，还可借鉴参考《商业银行流动性风险管理指引》（银监发〔2009〕87 号）的定义，其第三条指出：流动性风险是指商业银行虽然有清偿能力，但无法及时获得充足资金或无法以合理成本及时获得充足资金以应对资产增长或支付到期债务的风险。由于保险公司（尤其是人身险公司）的保费流入、资产到期和赔付支出的不确定性和时间差，流动性风险是保险公司流动资产少或者资产变现能力差等所导致的支付危机，它是保险公司产生危机的重要因素之一。

如何判别一家保险公司是否存在流动性风险呢？目前来看，用静态指标法去识别问题保险公司的流动性风险是比较理想的方法。巴塞尔委员会于 2009 年 12 月发布了《流动性风险计量标准和监测国际框架（征求意见稿）》，该框架主体部分提出了两个基于压力测试的流动性计量国际标准和若干监测指标。其中的两个计量标准重点强调在全球的统一适用性，包括流动性覆盖率（LCR）和净稳定资金比率（NSFR）：流动性覆盖率 = 高流动性资产储备/未来 30 日的资产净流出量，监管要求该指标≥100%；净稳定资金比率 = 可供使用的稳定资金/业务所需的稳定资金，监管要求该指标＞100%。

根据流动性充足与偿付能力充足与否的情况不同，保险公司可分为三类：第

一种为流动性与偿付能力都充足，即为正常运营的保险公司；第二种为流动性不足但偿付能力充足，即满足条件：$LCR < 100\%$，$NSFR \leqslant 100\%$，偿付能力充足率高于 100%；第三种为流动性不足且偿付能力不足，即满足条件：偿付能力充足率低于 100%，且 $LCR < 100\%$，$NSFR \leqslant 100\%$。

因此，在救助决策分析之前，首先需要进行流动性风险的识别与筛选，把大量的没有问题的公司先筛选出来，再集中精力针对存在流动性风险的公司（可能存在重大风险，也可能不存在），就能够简化救助程序、提高救助决策的效率。

四、重大风险与问题保险公司的二次筛选

站在保险公司的立场，风险是指偏离公司经营目标的不确定后果及其发生可能性的综合效应。风险是相对于经营主体——保险公司而言的。保险公司发生"重大风险"是指，按照《保险保障基金管理办法》第十六条规定："保险公司存在重大风险，可能严重危及社会公共利益和金融稳定。"这里又是站在监管者或者保险保障基金公司的立场而言的。强调"立场"特别重要，否则，这个概念特别容易引起混淆。比如，在原保监会《保险公司偿付能力报告编报规则第 15 号：再保险业务》（2004）以及在"关于保险业做好《企业会计准则解释第 2 号》实施工作的通知"以及《重大保险风险测试实施指引》（2009）等相关规定中有"重大保险风险"的概念，但与本研究中的"重大风险"概念不同，其中的关键差异是立场不同。

《保险保障基金管理办法》第十六条中关于"重大风险"概念的描述，仅仅只一个描述，还不能成为一个定义或界定标准，因此有必要对其进一步探讨。目前可以明确的是，保险公司所发生的风险，有些可能会引发整个保险市场的系统性风险，比如 2008 年美国国际集团 AIG 所发生的破产危机，如果任其发展，是完全可能引发美国保险业和金融业的危机，这样的风险当然属于"重大风险"。

以救助决策为视角的"重大风险"，是指站在监管者或者保险保障基金公司的立场上，认为保险公司所发生的、其后果可能导致严重损害全行业利益或社会公众利益的风险。因此，需要从两个方面去理解什么是重大风险，一是危及行业利益与金融稳定的风险因素，如系统性风险，它确定属于重大风险范畴；二是危及社会公众利益的风险因素，如 XH 保险（2006）、ZH 财产保险（2008）、安邦保险集团（2018）的偿付能力危机，后者是否属于重大风险还是有争议的，焦点在于这些问题保险公司的破产会给社会公共利益造成多大损失，如果损失严重、涉及人数众多的则属于重大风险；如果造成损失的程度轻和涉及人数少，就不属于重大风险范畴。问题是目前尚无机构对重大风险所造成的损失程度和涉及人数等指标给出具体量化的标准。

总之，保险公司的"重大风险"，首先是保险公司自身的风险，它仍然服从风险形成和演变的一般规律，依然可以看作是由内因和外因相互作用的结果。内因包括公司管理策略失误、操作不当、投资策略失误、承保过于激进等等；外部因素包括经济周期、政治突发事件、战争、巨灾等。实务中，从如此众多的风险源中去直接识别重大风险在技术上是有困难的。

但是，无论什么样的风险诱因，导致保险公司出现的结果总是一致：偿付能力不足。而偿付能力不足风险的识别与预警分析在实务、技术上是可行的。因此，对问题保险公司重大风险识别的第二步筛选目标是：偿付能力不足类的问题保险公司，在此筛选的基础上进行是否属于重大风险的评估。

第二节　偿付能力不足风险的识别方法

如果说流动性风险是第一层次筛选目标的话，那么偿付能力风险是问题保险公司重大风险识别与筛选的第二层次目标。偿付能力不足风险往往是保险公司破产的前兆，如能提前预警此类风险并加以合理处置，将大大降低处置问题保险公司的经济成本和时间成本，对于提高监管效率和稳定保险行业发展具有积极意义。那么，如何识别保险公司的偿付能力不足风险？能不能构建偿付能力不足的预警指标体系？本节借鉴国外相关的研究成果，并结合我国保险行业的特殊情况，分析我国保险公司的偿付能力不足风险的识别与预警指标。

《保险公司偿付能力管理规定（征求意见稿）》（2017）第三条规定：偿付能力是指保险公司偿还债务的能力。其第七条规定，偿付能力监管指标包括：①核心偿付能力充足率，即核心资本与最低资本的比值，衡量保险公司高质量资本的充足状况；②综合偿付能力充足率，即实际资本与最低资本的比值，衡量保险公司资本的总体充足状况；③风险综合评级，即对保险公司偿付能力综合风险的评价，衡量保险公司总体偿付能力风险的大小。核心资本、实际资本、最低资本的定义及计量标准由保险公司偿付能力监管规则另行规定。

2017 年的《征求意见稿》第八条规定，保险公司同时符合以下三项监管要求的，为偿付能力达标公司：①核心偿付能力充足率不低于 50%；②综合偿付能力充足率不低于 100%；③风险综合评级在 B 类及以上。这与 2008 年版《保险公司偿付能力管理规定》的规定有所不同，其第三十七条把保险公司分为三类：不足类公司（充足率低于 100%）；充足 I 类公司（充足率在 100% 到 150% 之间）；充足 II 类公司（充足率高于 150%）。相比较而言，2017 年的《征求意见稿》对偿付能力的要求不仅仅是充足率指标，而且对核心偿付能力充足率和风险综合评级都有了具体的要求标准，以更加全面的指标要求来衡量偿付能力，这在理论认知和监管实践上都是一种进步。

实践中，偿付能力风险识别的方法经历了从简单到复杂、从传统统计方法到现代风险识别方法、再到人工智能方法的演变过程。其内在逻辑是从参数模型逐步发展到非参数模型、再到自我学习训练模型，而对样本数据的要求则是从严格到逐渐放松的过程。偿付能力风险识别类的文献最早始于 1908 年 Rosendale 应用流动比率去评估公司的信用风险，1966 年 Beaver 用单指标方法，后改进为多指标法去评价公司偿付能力风险。随着对样本数据统计假设的逐步放开，1980年代以 logistic 和 probit 为代表的回归模型成为主流方法。在修正回归模型的基础上，基于信息和计算机科学的现代模型开始得到大量应用，例如层次分析方法、网络分析法、决策树方法等。目前，互联网创新方兴未艾，大数据和云计算等技术将促使人工智能技术应用于偿付能力风险识别和评估研究，例如神经网络模型、粗糙集理论等。

一、指标法

指标法是依据一个或者多个指标所生成的指数，对公司的偿付能力等进行识别和评价，可分为单指标法和多指标法，其重点在于指标的选择和权重赋值，指标选择的方法包括专家经验法、统计方法等。

文献中较早开始使用单指标法可追溯至 1908 年，Rosendale 利用流动比率（current ratio）去评估公司的信用风险。Beaver（1966）是财务风险和信用风险评价领域的开创者，他把单一指标法发展至多指标法，认为现金流与债务总额的比率能很好地预测五年之内财务危机发生的概率。国内研究主要选择资产利润率的相关指标，如侯旭华（1999）的净资产利润率、何玉梅和张涛（2011）的总资产净利润率等。

多指标的选择方法之一是依靠专家经验，具体包括 Z 值、ZETA 模型、骆驼（CAMELS）模型等。该领域的奠基者 Altman（1968）基于五个指标构建著名的 Z 值模型，指标包括运营资本与总资产的比率、未分配利润与总资产的比率、毛收入与总资产的比率、股权市场价值与总债务账面价值的比率、销售额与总资产的比率。后来，又加进 10 年期的营收稳定性和流动性比率，基于七个指标建立了 ZETA 模型。此后，Benjamin 和 Lawrence（1986）、Kwan 和 Tan（1986）、Kumar 和 Rao（2015）等都利用不同参数指标构建 Z 值模型。Gasbarro 等（2002）利用骆驼评级指标对商业银行的财务能力状况进行分析，发现只有营业收入指标能够较好地预警财务能力风险。国内也有类似的研究，如张玲和袁异清（2008）构建财务预警 Z 值模型，贾曼莉（2015）、龙贞杰等

（2017）在骆驼评级模型基础上构建信用风险指标体系。多指标筛选的统计方法包括多元判别法（MDA）、聚类分析法、主成分分析法、因子分析法等。

由于简单易操作、高效实用性等优点，指标法至今依然是偿付能力风险识别的主要方法。如何利用先进的方法（例如大数据、深度学习等技术），甄选出高效、科学的指标体系，并构建指数函数，将成为偿付能力风险识别——指标法的发展方向。

二、基于回归模型的方法

回归模型基于回归技术原理，通过选择对偿付能力风险有显著影响的因素指标，然后利用指标体系建立指数，不同的指数值成为风险识别与评价的阈值。主要包括 logit 和 probit 模型、ordered logit 和 ordered probit 模型等。其中，logit 和 probit 等模型输出二元识别结果，ordered logit 和 ordered probit 模型可以直接输出多元的风险识别结果。

三、现代模型

现代评级模型大都借助计算机超强的运算能力，对样本进行分类、分级评价，大多属于非参数模型，主要包括 KMV 模型、层次分析方法、网络分析法、决策树方法等。

KMV 模型的基本思想是把公司权益和负债看作期权，而把公司资本作为标的资产，违约概率则是与债务总额和公司资产结构相关的内生变量。

层次分析法（AHP）是将要决策的问题及其有关因素分解成目标、准则、方案等层次，同一层次中的元素必须是独立的，不能互相影响或依赖，进而进行定性和定量分析的决策方法。在改进的基础上，网络分析法考虑了不同的层次和同层次元素之间的相互依存关系，这样元素间的关系实际上形成了网络结构。

决策树方法是一种非参数统计方法，由 Makowski（1985）率先将其引入信用风险评估领域。其基本思想是根据样本集决策属性的信息增益比率来创建决策树节点，每个节点循环生成新的子节点，并根据一定原则和剪枝方法进行简化，最终生成决策树，最终生成的叶子即属于同一类别的子集。其优点是可以输入数值型和非数值型变量，缺点是只能输出二元的风险识别结果。Angelis 等（1994）应用决策树模型去评估保险公司的偿付能力。

现代评级模型需要借助计算机超强的运算能力，具体运算方法各有不同。KMV 模型通过计算公司的债务和资本市场的信息，以违约概率等作为风险识别的主要依据；层次分析方法和网络分析法是经过计算与反馈过程，设定公司偿付能力指标的体系和权重；决策树方法是通过计算信息增益比率等来创建节点和分支，最终形成风险识别与评价的决策树。

四、人工智能方法

人工智能是指机器的行为能够像人类一样运行，能够模拟自然界的某种（如大脑、遗传进化等）生物机理（Turban，1990）。偿付能力风险识别的人工智能方法主要包括神经网络模型、遗传算法、粗糙集理论、支持向量机、专家系统等。

人工神经网络（artificial neural networks，ANNs），也称神经网络，是通过模拟大脑的某些机理与机制，尤其是模拟生物神经网络进行信息处理的模型。刘洪和何光军（2004）、任飞和聂溱（2007）、张维功等（2009）、刘洪渭等（2009）、邓庆彪和文辉（2011）基于神经网络模型等对偿付能力风险等进行预警研究。

遗传算法（genetic algorithm）是模拟达尔文生物进化论的自然选择和遗传学机理的生物进化过程的计算模型，是一种通过模拟自然进化过程搜索最优解的方法，其缺点是无法处理定性指标变量。叶中行和余敏杰（2006）构建了遗传算法和分类树相结合的信用评估方法，实证结果表明其比单独使用的准确率高。蒋艳霞和解青芳（2010）利用遗传算法分析企业财务能力的影响因素。李竹梅和孙凯（2013）基于遗传算法和最小二乘向量机对偿付能力风险进行预警分析。

粗糙集理论（rough set theory）是基于机器学习和计算的智能技术，从给定问题的描述集合出发，对不完整、不精确数据进行分析处理，其主要思想就是在保持分类能力不变的前提下，通过知识约简，导出问题的决策或分类规则。其优点是处理离散指标，缺点是不能处理连续变量指标。薛锋和柯孔林（2008）建立粗糙集与遗传算法相结合的偿付能力预警模型。亢平和沈钧毅（2008）基于扩展粗糙集理论对信用风险进行评价。贾海涛和向洪军（2009）应用粗糙集理论评价商业银行经营绩效和能力。鲍新中（2012）混合粗糙集理论和其他模型综合评价财务能力风险。

支持向量机（support vector machine，SV）的基本思想是在机器学习训练的基础上，最大化分类之间的距离边际，其优点是能够处理小样本、非线性、离散变量数据，缺点是对大量数据样本的运算过于复杂。杨毓和蒙肖莲（2006）、蒋艳霞和徐程兴（2009）、吴冬梅等（2010）、丁德臣（2011）基于支持向量机和其他模型预测企业破产、财务能力等风险。韩璐和韩立岩（2017）、张梦男（2017）利用支持向量机进行信用风险评价研究。

综上，人工智能评级模型的优点在于并行分布式处理、非线性处理、自学习能力等，对数据要求并不严格，可以是定性或者定量指标，缺点在于运算过程类似于"黑箱理论"，得出的参数无实际解释意义。因为需要对样本进行学习训练，大量样本数据是实证的前提。人工智能模型发展的新趋势是不同模型的混合交叉使用，其结果往往优于单一模型。偿付能力不足风险的识别方法归纳如表 5-3。

表 5-3　偿付能力不足风险的识别方法

计算方法	代表作者
multiple discriminate analysis	Trieschmann 等（1973），Ambrose 等（1988）
regression analysis	Harrington 和 Nelson（1986）
mean-variance approach	BarNiv 和 Smith（1987）
portfolio theory	Kahane，Tapiero 和 Jacque（1986）
generalized beta	McDonald（1984），Bookstaber 等（1987）
logistic	BarNiv 等（1990），Cummins 等（1995）
expert systems	Duett 等（1990），Brockett 等（1994）
现金流量模拟	Cummins，Martin 等（1999）
神经网络法	Patrick 等（1994）

资料来源：LEE, et al. Analysis and prediction of insolvency in the property-liability insurance industry: a comparison of logistic and hazard models [J]. The Journal of Risk and Insurance, 1996, 63 (01): 121-130.

第三节　问题保险公司系统性风险的评估方法

保险公司是否会引发系统性风险？这是个争议话题。比如 IAIS（2010）认为保险公司的核心业务是不会产生系统性风险的，当然这里强调的是"核心业务"。在对保险公司进行偿付能力不足风险识别与筛选的基础上，本节对偿付能力不足型的问题保险公司进行是否引发系统性风险的评估，评估目标是明确问题保险公司的潜在风险是否会引发保险业的系统性风险。

一、问题保险公司是否引发系统性风险的评估

问题保险公司引发系统性风险大致有以下三种情况。首先，如果影响保险公司的风险来自外部环境，如宏观经济背景、市场竞争、监管环境、恐怖活动、巨灾等因素，那么其他保险公司也面临同样的威胁，如果一家保险公司出现危机则其他公司同样难以幸免，这样的风险就很有可能形成系统性风险。其次，问题保

险公司的自身规模、产品可替代性与行业影响力。如果问题保险公司的规模较大，那么其破产所影响到的保单持有人数量较大，或者其他公司无法提供类似产品，此类公司的破产对行业稳定造成的冲击也较大。因此，这样单个重要公司的风险也往往能够形成系统性风险。最后，存在重大风险保险公司与其他公司之间关联的紧密程度，有些公司虽然其规模不一定很大，但是它与其他保险公司之间的关联交易比较多，相互之间形成债权债务或者资产投资组合关系，这种公司一旦破产，也会对其他保险公司形成连锁反应或者传染效应，这类公司所存在的重大风险也有可能成为系统性风险。

保险公司的破产危机必然造成保单持有人的恐慌。根据羊群效应和金融脆弱理论，保单持有人的这种恐慌表现为一旦预期保险公司将要破产，那么就有可能引发大面积的集中退保行为。保险业曾经发生过这种例子，1991 年美国最大的两家寿险公司 Executive Life 和 Mutual Benefit Life 的破产掀起了"退保潮"。一家保险公司的破产往往会使公众预期保险业危机增加，甚至导致公众对保险业失去信心，进而引爆"退保潮"。因此，保险公司的破产往往会产生传染效应。1997 年，日产生命公司破产引发了传染效应，同年 4 月至 6 月，日本 44 家寿险公司的个人寿险退保金额高达 23.7 兆日元，其中大公司的退保率上升到 10%，小公司的退保率高达 70% 至 80%，并引发保险公司的系列破产倒闭事件。

系统性风险的诱发原因分为内部因素和外部因素（如房地产、股价等资产价格大跌导致公司资产严重缩水）两种，外部因素的影响力更大些。美国财政部认为问题金融机构可能引发系统性风险的几个因素有：①其破产对其债权人及交易伙伴的直接风险暴露；②破产风险传染给其他机构的数量和规模；③破产是否会以较大概率冲击国家经济体系，引发信用市场和支付系统等的崩溃；④从其他机构或者政府基金获取资金和流动性的可能性和规模。澳大利亚审慎监管局（APRA）认为评估系统性风险，应结合宏观经济运行和金融市场状况，从资产总量、保单负债、市场份额、社会影响、经营特性等五个方面进行。有些学者认为系统性风险的产生主要有两个诱因：相互关联的资产组合风险和多米诺骨牌效应（即传染效应），前者是系统性风险的主要诱因。问题保险公司是否会引发系统性风险具体要参考以下指标：

1. 规模因子

个别保险公司（包括再保险公司）在社会经济中的影响力比较大，能够起到标杆或领头羊的作用，一旦这样的公司出现问题，往往会打击到大多数投保人的信心，从而引发对保险行业的信任危机，或致大面积退保等行为出现，造成系统性风险。例如，Executive Life 破产前一年，其退保额超过了 30 亿美元，Mutual Benefit Life 在申请新泽西州保险监管局干预前的几周内招致了 10 亿美元的退保。美国财产意外险协会 PCI 认为传统的评估需要政府干预的风险方法是"too big to fail"，TBTF 能够通过测量保险公司的国内市场份额、国际市场地位、市场集中度，还有竞争性的市场进入壁垒或者某一产品能够被替代的难易程度等来衡量其大小。

2. 传染因子

风险的传染可分为：被动传染、实际业务传染、信息传染。实践中，如通过分保行为的传播、相互持有股票或者债券等，导致多家保险公司之间出现互为债权人、债务人的情况，如果一家公司出现偿付能力危机，将会传染至其他公司并引发多家公司的偿付能力危机，形成系统性风险。信息传染主要是指投保人由于受到其他保险公司破产等不利信息的影响，产生的退保等不利于保险公司的行为。美国财产意外险协会 PCI 认为相比传统的评估办法 TBTF 更加有用的评估系统性风险的方法是"too interconnected to fail"，TICTF 方法已经用于联邦政府的财务紧急救助决策，它不仅仅测算问题机构的产品和行动，同时还要测算依赖该机构的所有其他商业活动的增加数量，它也测算该机构的业务如何与其他系统性风险发生联系。

3. 趋同因子

当保险公司的投资、产品等出现趋同行为时，个体公司无意识的集中性一致行动导致风险集中，这也是"羊群效应"的另一种演绎，如果出现不利的市场情况，多家公司将同时出现亏损或者偿付能力危机，可能将诱发系统性风险。这种系统性风险的根源在于总公司的决策层失误，导致分公司的产品、操作雷同。

4. 外部环境因子

包括自然灾害和人为灾害，自然灾害如地震、海啸等，人为灾害如恐怖活动、战争等。当外部因素导致单个保险公司出现问题时，同时需要去判别其他公司是否也存在同样的问题，如果大多数公司都有类似严重问题时，这就意味着已经存在系统性风险发生的可能性。

5. 承保周期因子

承保周期风险是指因非寿险业承保结果呈现周期性波动特征，引发保费收入周期性上升和下降，使丧失偿付能力的非寿险公司数量出现周期性波动。统计结果表明，不同国家的承保周期从 5 年到 9 年不等，平均为 6 年左右，在承保周期处于下降通道时期，丧失偿付能力的非寿险公司数量会迅速增加。"风险灯塔"曾经与著名保险经纪顾问公司 Guy Carpenter 合作研究美国非寿险保险业的系统风险问题。提取美国几千家保险公司在过去 30 年的财务报表数据，分析全行业的保费增长和私营经济所占 GDP 之间的关系，发现美国非寿险市场的承保周期，犹如美国股市有牛市和熊市一样，大趋势很明朗。研究发现，可能导致美国非寿险业的系统风险的各种因素中，承保周期是一个主要因素。

6. 再保险因子

再保险对于保险公司偿付能力管理是一把"双刃剑"，保险公司通过再保险降低风险、提高利润的同时，还会面临再保险公司经营不当波及自身的风险。如果再保险公司拒绝赔付，保险公司的债务将会迅速积累，而它只剩有限的收入可用于赔偿。过度依赖再保险是 Mission Insurance 于 1985 年破产的主要因素。同样的，削弱再保险也是危险的：以 Drake Insurance 为例，该公司是英国二十大汽车保险公司之一，因保费过低和缺乏再保险于 2000 年破产。尽管发展至今，尚未出现因再保险风险直接引致保险公司破产倒闭的事件，但这一风险正在逐步增大却是不争的事实。

7. 监管因子

监管制度环境对于保险公司来说是外在因素，短期内是不可改变的变量。这种所有保险公司都要面对的外在因素如果发生恶化，理论上是有可能引发系统性风险的。监管不力也会引发保险业系统性风险，当保险公司出现偿付能力不足风险时，如果监管机构不能采取有效措施限制危机的蔓延，就会使个别的危机更趋恶化，并通过传染、信息等机制波及整个行业，引发系统性风险的发生。如美国学者约翰·泰勒（2010）指出，政府监管行为是金融体系中更为严重的系统性风险。

二、研究方法

国内外关于系统性风险的判别方法大致有三种：指标法、模型法、经验分析法。指标法主要是利用历史数据分析系统性风险发生前后各个经济变量的波动特征及其对实体经济的影响程度，以达到检测系统性风险的目的。模型法主要是利用数量和计量经济学模型对系统性风险进行度量。经验分析法属于事后检验法，通过寻找可能引起金融机构危机的因子，将危机的发生与其进行回归，以此确定危机的影响因子及程度。系统性风险评估未来可能的研究方向是：建立系统性风险的评价体系；借鉴生物传染病模型、社会网络理论等其他学科方法，研究系统性风险传染机理；应加强对系统性风险的损失度量的研究；加强系统性风险的应急管理研究，提出关于系统性风险应急方案和策略。

目前，保险行业系统性风险的评估与预测依然是个难题，其原因在于历史上系统性风险真正爆发的次数非常有限，可用的历史数据也很少。因此，无论是指标法或是模型法的应用都大受数据缺乏的限制，无法进行有效的实证分析，实务中经验法的使用多于前两种方法。但是，指标法与模型法也有自身的客观性、科学性等优点，并且在其他行业（如银行业等）也得到了认可，所以，本书也将采用数值解等办法对指标法进行探讨性研究。

三、变量选择

利用历史数据分析系统性风险发生前后各经济变量的波动特征及其对实体经济的影响程度，以达到预测系统性风险的目的。系统性风险的预警指标体系如表5-4所示。

表5-4　系统性风险的预警指标体系

预警指标的属性	变量名称	预警指标的具体内容
规模因子	X_1	毛保费收入的市场份额
传染因子	X_2	（分出保费＋分入保费）/市场保费总和
	X_3	持有其他保险公司的股票市值/认可资产
	X_4	持有其他保险公司的债券市值/认可资产
趋同因子	X_5	公司前三名产品保费收入的百分比/市场前三名产品保费收入的百分比
承保周期因子	X_6	保费上涨与下跌的时间周期
外部环境因子	X_7	GDP 的增长率
	X_8	通货膨胀率
	X_9	真实利率水平
	X_{10}	实际汇率升值幅度
监管因子	X_{11}	监管容忍度
再保险因子	X_{12}	再保费收入占总保费收入的比率
巨灾因子	X_{13}	巨灾造成的损失金额/保费的总收入
系统性风险	Z	系统性风险发生取值为1，不发生取值为0

四、指标法

本研究选择指标法来评估问题保险公司是否会引发系统性风险，以财产保险公司为例进行分析。由于从国内外的实践来看，保险公司引发系统性风险的案例非常少见，国内这方面的数据几乎为空白，但是系统性风险的预警评估研究提前进行很有必要。因此，本书只能借助随机数据（详见附录数据表）进行数值解分分析，根据 Z 值的大小对问题保险公司是否引发系统性风险进行评估，Z 值为1意味着将发生系统性风险，Z 值为0则不发生系统性风险。得出系统性风险评估的预警指标方程式如下：

$$Z = -60.218\ 7 + 40.585\ 1X_1 - 13.917\ 2X_2 + 50.792\ 5X_3 + 34.791\ 3X_4$$
$$+ 16.902\ 1X_5 + 2.825\ 2X_6 + 762.941X_7 + 195.145X_8 + 96.952\ 4X_9$$
$$+ 307.896X_{10} + 692.454X_{11} + 11.773\ 8X_{12} - 2.881\ 7X_{13}$$

我国财产保险公司可能引发系统性风险的因素包括：最大的影响因子是宏观经济因素如 GDP 的增长率、通货膨胀率、真实利率水平、实际汇率升值幅度，其次的影响因子是毛保费收入的市场份额、持有其他保险公司的股票市值/认可资产、持有其他保险公司的债券市值/认可资产、巨灾造成的损失金额/保费的总收入等、公司前三名产品保费收入的百分比/市场前三名产品保费收入的百分比等。总体来看，数值结果与我国保险业实际情况是基本符合的，随着今后数据指标的不断累积，可通过实证分析不断推进评估、预警指标体系的建立工作。

由于保险行业系统性风险发生的次数很少，数据的积累非常有限，在我国此方面数据甚至为零。因此，保险实务中对系统性风险的评估和预测更多是应用经验法。经验法中比较常用的是专家咨询决策法。如澳大利亚审慎监管局（APRA）应用专家咨询决策法去评估系统性风险，评估的主体是——保险公司市场退出风险影响评价咨询专家团，其人员分别从市场主体、专家学者、监管机构及其他宏观经济管理部门中进行选拔，在考虑风险影响评价系统的基础上，由专家咨询团结合自身经验和专业判断，对风险影响做出综合评价[1]。因此，问题保险公司救助决策的主体机构可以成立系统性风险评估小组，其人员构成可以从高校、保险公司、行业协会、银保监会、财政部等机构抽调，组成一个临时机构，结合前文指标法得出的实证结论，对问题保险公司可能引发的系统性风险进行评估，为是否救助问题保险公司的决策活动提供重要参考依据。

第四节 本章小结

本章内容在全文结构的安排上是为问题保险公司的救助决策分析做准备和铺垫，主要目的是筛选出需要进行救助决策分析的对象。筛选思路是在保险业所有公司的范围内进行流动性风险、偿付能力不足风险的识别、预警分析；然后，对偿付能力不足型公司进行是否引发系统性风险的评估，如果是就直接救助，如果不是就进行下一章的救助决策分析。

采用多种实证方法以求获得可信可行的结果，如线性与二次多元判别分析法、Logistic 模型、因子分析法等方法，主要用于问题保险公司偿付能力不足风

---

[1] 重庆保监局课题组.保险市场退出机制及风险处置探析[J].保险研究,2011(3):5-9.

险的识别预警与系统性风险的评估等内容。

本章得出的主要结论如下。

第一，保险公司的"重大风险"，首先是保险公司的风险，它仍然服从风险形成和演变的一般规律，依然可以看作是内因和外因相互作用的结果。实务中，从众多的风险源中去直接识别重大风险在技术上是有困难的。但是，无论什么样的风险诱因，导致保险公司出现的结果总是一致：偿付能力不足。而偿付能力不足风险的识别与预警分析在实务、技术上是可行的。

对问题保险公司重大风险的识别需经过两次筛选过程：一是流动性风险的初步筛选，二是偿付能力不足风险的筛选。流动性不足但偿付能力充足类型的公司直接救助；流动性不足、偿付能力不足型的公司需进行是否属于重大风险的评估，评估目标为是否引发系统性风险。重大风险的范畴要大于系统性风险，系统性风险是属于重大风险的。除了系统性风险之外，重大风险还包括不会危及行业与社会稳定、但对部分社会公众利益造成伤害的风险。

问题保险公司自身潜在的风险是否属于重大风险直接影响到救助程序的不同：如果属于重大风险就直接实施救助行动；如果不属于则需要进行下一步的救助决策分析。

第二，评估问题保险公司是否会引发系统性风险的分析思路：首先，如果影响保险公司的风险来自外部环境，那么其他保险公司也可能面临同样的威胁，这样的风险就可能形成系统性风险。其次，问题保险公司的自身规模与重要性，单个规模大或者地位重要的公司的破产等也往往引发系统性风险。再次，问题保险公司与其他公司之间联接的紧密程度，即风险传染性的大小。最后，问题保险公司对于参照系统是否具有不可替代性，如果具有较高的不可替代性，则其破产等将导致该系统机制不健全而发生紊乱风险，即引发系统性风险。

本书利用多元判别分析法，构建问题保险公司可能引发系统性风险的预警指标体系。影响因子具体包括：规模因子、传染因子、趋同因子、承保周期因子、外部环境因子、监管因子、再保险因子与巨灾因子等。建立系统性风险评估的 Z 值判别式，并根据 Z 值的大小进行风险评估，如果 Z 值接近于 1 则意味着发生系统性风险可能性大，如果 Z 值接近于 0 则发生系统性风险的可能性小。

实务中，对系统性风险的评估还可应用经验法——专家咨询决策法。评估的专家构成可以从高校、保险公司、行业协会、银保监会、财政部等机构进行抽调选拔，组成一个临时性机构，评估结束就解散。在确定参照系统的基础上，由专家咨询团结合自身经验和专业判断，并结合前文指标法得出的 Z 值判别式及指标因子，对问题保险公司是否引发系统性风险进行评估，为是否救助问题保险公司的决策活动提供重要参考依据。

第六章

问题保险公司救助的决策分析

本章将风险决策分析的理论框架应用于问题保险公司的救助问题，以保险保障基金公司为决策者，采用决策树方法进行分析，根据救助程序、风险属性、救助方式等内容绘制决策树的结点、分枝与行动策略，构建模型并计算决策树中不同行动策略后果的成本与收益。第一节是问题保险公司救助决策的分析框架；第二节在财务数据指标的基础上利用决策树算法对构建决策树进行实证分析；第三节利用模型对不同行动策略的后果进行成本收益计算。

第一节　问题保险公司救助决策的分析框架

一、问题保险公司救助的决策者与决策目标

关于问题保险公司救助的决策者，一般情况下被认为是银保监会、政府等监管机构，但在"严父"式的监管理念下，这也会存在一些弊端，比如会对问题保险公司形成过高的监管容忍度（马海峰、谢志刚，2011）、需要建立一个救助的常设机构而导致资源浪费、存在滥用保险保障基金的可能性等。假设一下，如果保险保障基金公司真正成为救助的首选决策者，不仅能够克服上述弊端，而且也能够与银保监会等监管机构形成有效的分工协调与权力制衡（Kahn 和 Santos，2005）。由于保险保障基金的使命是我国保险业防范风险的最后一道防线，而《保险保障基金公司管理办法》的执行机构是伴随着该管理办法而专门设立的基金公司。因此，该法人机构作为我国保险业监管者的代表，作为风险处置或救助决策的第一顺位决策者，是完全符合监管实践需要的。

风险决策理论框架下，保险保障基金公司作为问题保险公司救助的决策者，其决策目标是什么呢？决策目标的形成，除了受决策者本身的价值观、知识结构、决策能力等主观因素影响外，同时外部环境因素也起到重要作用。对问题保险公司救助的决策环境涉及国际经济周期、经济体制、行业法律和监管环境、保险市场退出机制等。基于前文对法律制度和监管环境已经做过较为详细的分析，这里就重点分析国际经济周期、经济体制、保险市场退出机制等内容。

1. 国际经济周期

对问题保险公司救助决策的外部环境分析，首先要考虑的是经济环境，即宏观经济处在经济周期的哪个阶段，保险公司作为一家商业金融机构，其方方面面都沉浸在经济体系之中，宏观经济的每个变化都可能影响到保险公司的经营管理。宏观经济的周期性波动是能够得到大多数人认可的经验性事实，所谓"顺势而为"，在金融界就是要顺宏观经济的"大趋势"。因为，处于经济繁荣周期与衰

退周期的救助行动策略显然是不同的，一家保险公司的破产在繁荣周期也许不会造成太大影响，但如果是在衰退时期，却可能引发一系列公司破产的系统性风险。例如1997年亚洲金融危机背景下，日本生命保险公司的破产引发一系列公司破产倒闭案。世界经济一体化的现实格局，使得我国的经济周期与国际经济周期步调基本保持一致。因此，在分析我国的经济周期时，应从国际经济的视角出发，才有可能得出更为准确的结论。

2. 经济体制与市场退出机制

市场机制包括竞争机制、价格机制、淘汰机制等，竞争机制无疑是其最重要的基石，良好的竞争氛围能够使价格机制发挥作用，淘汰机制是竞争机制的副产品和组成部分，市场经济是残酷的，残酷的一种体现就是优胜劣汰，经营不善者将被淘汰出局。而计划经济体制的核心是依靠中央集权对产品资源进行计划配置，实践中存在着较少的市场退出现象。目前，我国正在建设中国特色社会主义市场经济体制，公有制占据经济的主导地位。在这样特定的经济体制条件下，多数具有公有制背景的问题保险公司实现真正意义上的市场退出可能性有多大？基于商业银行等问题金融机构的经验，本书认为这个可能性并不是很大。因此，如果排除了直接市场退出的较大可能性，决策者往往会对问题保险公司选择持续经营救助行动。

问题保险公司救助的决策目标应与我国保险业的监管目标一致，总体目标是"要维护一个有效、公平、安全和稳定的保险市场，保护保单持有人的利益不受侵害"，现实目标是防范保险公司出现"重大风险"并导致"严重危及社会公共利益和金融稳定"。因此，保险保障基金公司作为第一决策者，需要评估问题保险公司的风险状况、风险属性和风险后果，权衡"救助"和"不救"策略及后果，以有效和经济的方式实现决策目标。

因此，风险决策理论框架下，以保险保障基金公司为决策者，参考外部制度环境和信息资料，对问题保险公司救助决策的目标可以设为：维持保险行业稳定和保障保单持有人利益。救助策略的选择可依宏观经济周期而变，在经济衰退周期，尽量采用维持持续经营救助，避免问题保险公司的市场退出；在经济繁荣时期，可在风险评估的基础上，进行持续经营救助或是市场退出补偿救助的选择。

二、问题保险公司救助的决策树分析

决策树方法是风险决策分析理论的常用方法。前文第三章中介绍的决策树是一个只包含一个决策点的简化型的决策树模板。实际应用时，一个决策问题往往是一个多阶段的决策过程。如图6-1所示，假设决策主体是保险保障基金公司，在决策点1，决策者需要对问题保险公司的风险属性进行判别：是偿付能力不足风险还是流动性不足风险？如果是偿付能力不足风险，则进入到决策点 2，保险保障基金公司要在偿付能力判定的基础上进一步辨别：该风险是属于系统性风险还是非系统性风险呢？如果是非系统性风险，则进入到决策点 4，保险保障基金公司再进行救助的决策分析，决策点 6 是对不同救助方式的选择。如果在决策点1 判定为流动性不足风险，则进入到决策点 3，保险保障基金公司首先选择动用基金的贷款救助等方式，如基金公司资金不足，还可求助于其他机构资助或者发行债券等进行融资。如果在决策点 2 判定为系统性风险，下一步就直接进入到决策点 5，由于系统性风险危害到社会公共利益和行业稳定，"不救"的成本代价远远大于"救助"的成本，所以保险保障基金公司必须协同其他监管机构及时救助。

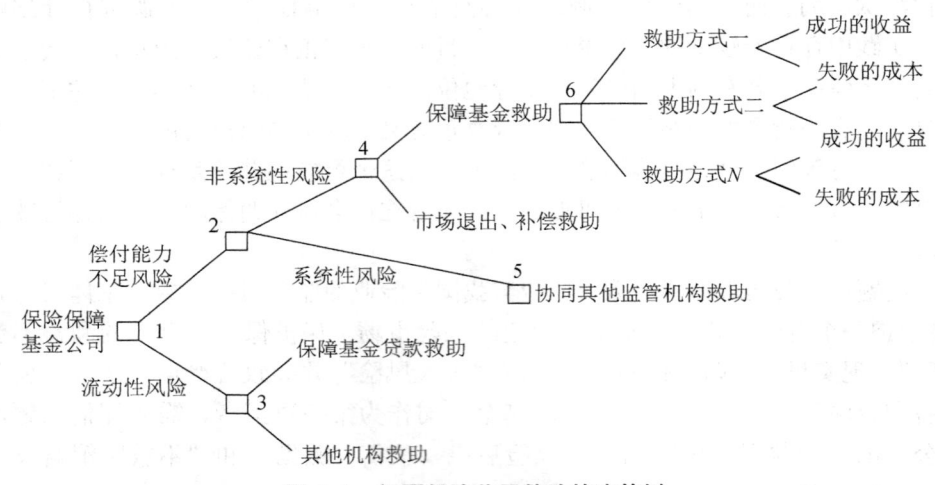

图 6-1　问题保险公司救助的决策树

　　保险保障基金之所以要救助一家问题保险公司，是因为通过"救助"这家公司恢复正常经营的收益大于救助成本，即只有当"不救"的成本可能远远高于"救助"成本的条件下，才应出手相救。决策的关键问题是被救助保险公司的资金缺口到底有多大？保险保障基金公司的决策者实际上是在与问题保险公司的主要股东就此问题进行博弈，这个问题十分复杂，既与问题公司股东的资本属性有关，又与保险保障基金的规模有关。首先，从股东方面来看，从我国保险业的实践看，国有公司股东的资本实力最强，往往可以获得资本代表人（如中央汇金）的注资，其向中国再保险公司注资 40 亿美元（2007）就是典型的例子。而非国有资本股东则可能是另一种情况，一旦发现注资没有价值或没有实力注资，则可能行使《公司法》和《企业破产法》赋予的有限责任权利，破产清算退出市场。

XH 保险公司原控股股东就作了这样的选择（2009）。其次，从保险保障基金的实力规模方面进行分析，截至 2019 年 7 月 31 日，保险保障基金余额 1 386.14 亿元，其中财产保险保障基金 875.49 亿元，占 63.16%；人身保险保障基金 510.65 亿元，占 36.84%。从这个资金规模来看，保险保障基金公司对普通公司的资金缺口还是具有一定的救助能力。

问题保险公司的救助过程如果采用风险决策理论模型的分析框架，可表述为：

$$\text{"救助"} \geqslant \text{"不救"} \Leftrightarrow EU(\text{救助}) \geqslant EU(\text{不救})$$

其中，EU 表示期望效用，即"救助"和"不救"分别导致的各种可能结果的效用及其对应概率大小。照此模型，选择救助或不救的关键，是要分析这两项决策所对应的各种可能后果，这些后果对于决策者（如保险保障基金公司）的意义、价值以及发生这种后果的可能性大小。

如果决策者选择"救助"，必然会发生一定的救助成本，救助行动所导致的后果有两种：①救助成功即维持持续经营状态；②救助失败则破产清算退出市场。救助的期望效用包括问题公司自身、救助主体和行业层面等多方面的利益综合。一方面，当救助成功时，问题保险公司维持持续经营，公司自身的资产价值避免打折拍卖，而且预期未来有持续的现金流流入公司，公司的价值得以保值、增值；救助主体可在适当时机收回救助成本，并且可以得到一定的溢价回报；保单持有人的公共利益则不会因为问题公司的破产而丧失，或者为问题公司的清算而承担税收负担。另一方面，救助行动失败的结果也以一定的概率存在，救助不一定必然成功。如果救助行动失败，问题公司通过三种清算程序退出市场，首先施救主体的救助成本无法收回；问题公司的资产将被清算，失去未来的现金流预期，公司价值将大打折扣；保单持有人虽然可以从保险保障基金那里得到补偿救助，但是时间长久且补偿也是打折扣的；对于行业及社会层面而言，一家公司的清算退出对于行业会有负面影响，而且被清算公司的资金缺口最终由行业或者社会纳税人承担。

如果决策者选择"不救"，所导致的直接后果是以下两种：①最好结果：公司被监管机构接管后，经过整顿，向主要股东施加了巨大压力，股东追加资本金，并通过将部分业务转让给其他公司等措施后，公司得以恢复正常营业，既保护了保单持有人利益又避免损失保险保障基金。②最差结果：公司被接管后，关键职员陆续离职，股东不愿或无法追加资本金，转让业务的折价部分却不得不由保险保障基金进行补贴，既动用了保险保障基金，最后还是没能救活问题公司。而且，该公司的破产清算还可能危及其他金融机构的正常经营。因此，保险保障基金的管理者可以尝试采用风险决策的分析框架，针对"不救"这种选择所对应的各种可能结果及其影响进行深入分析，并与实施"救助"的对应情况作对比分析，最终做出理性正确的救助决策。

第二节　决策树的实证分析

前文的决策树是建立在救助分析的基础上，具备一定的科学性与合理性，但还缺乏实证分析的支持。本节通过决策树算法对数据指标进行实证分析，并依据其对救助决策的影响程度而自动生成不同的决策结点。决策树算法本质上是通过一系列规则（如属性分类指标）对数据进行分类的过程。决策树算法的关键问题是各个节点测试属性的选择标准，这不仅影响到决策树的规模与预测准确性，而且也是产生计算量的主要环节。本书选择决策树算法的经典方法——ID3 算法，通过对毛保费的增长率、营业利润/已赚保费、可供出售金融资产/认可资产三个财务指标的分析，尝试建立问题保险公司救助分析的决策树。

一、决策树的 ID3 算法

ID3 算法的关键是选择各个决策节点的属性分类指标，这需要通过计算节点的信息增益（information gain），以它作为属性分类（问题保险公司分为两类：救助与不救助）的选择标准，找出信息增益最高（即熵值最小）的分类指标，把变量数据按纯度高低分成多个子集，每个子集再次进行信息增益计算和变量数据的属性分类，一直进行到所有子集仅包含同一类型的数据为止，此时节点熵值为 0，如图 6-2 所示。信息增益的计算步骤为：计算信息熵、计算条件熵、计算信息增益。

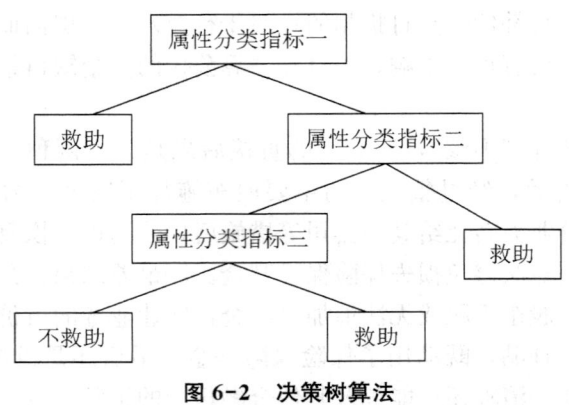

图 6-2　决策树算法

1. 信息熵

$$H(T) = \sum_{i=1}^{n} P(T_i) \log_2 \frac{1}{P(T_i)} = -\sum_{i=1}^{n} P(T_i) \log_2 P(T_i),$$

其中，问题保险公司类别（troubled insurance company）T_i 出现的概率为：

$$P(T_i) = \frac{|T_i|}{|S|}, \quad S \text{ 为样本集的总数}$$

2. 条件熵

$$H(T \mid F) = \sum_{j} P(F_j) \sum_{i=1}^{n} P(T_i \mid F_j) \log_2 \frac{1}{P(T_i \mid F_j)}$$

其中，某个属性分类指标选定以后，不确定的情况（factor）为 F_j 时，属性类别为 T_i 的条件概率为：

$$P(T_i \mid F_j) = \frac{|T_i|}{|F_j|}$$

3. 信息增益的计算

熵 $[H(T), H(T \mid F)]$ 是不确定性的描述，熵差 G（即信息增益）是不确定性的消除，其信息增益计算式为：

$$G = H(T) - H(T \mid F)$$

二、决策树的实证分析

这里选择附录 A 中 10 家问题保险公司（以财产保险为例）的数据为样本进行分析，$S = 10$。

T 的类型有两个：T_1 是救助，T_2 是不救助。

属性分类指标的选择依据第五章结论，具体选择以下三个指标：毛保费的增长率、营业利润/已赚保费、可供出售金融资产/认可资产，详见表 6-1。

表 6-1 属性分类指标数据

类型	毛保费增长率	营业利润/已赚保费	可供出售金融资产/认可资产
	0.831	-0.109	0.141
T_1	1.010	-0.383	0.011
	1.218	-0.158	0.339

（续表）

类型	毛保费增长率	营业利润/已赚保费	可供出售金融 资产/认可资产
T_1	0.869	0.037	0.238
	0.947	-0.355	0.174
	1.469	0.020	0.374
	1.600	-0.028	0.286
T_2	1.139	-0.611	0.000
	1.143	-0.147	0.000
	1.116	-0.047	0.000

不同的属性分类指标选择下的 F 取值如下：

第一，毛保费增长率的分类：$0 < F_1 < 1.134$；$1.134 \leqslant F_2$。

第二，营业利润/已赚保费的分类：$F_1 < -0.178$；$-0.178 \leqslant F_2$。

第三，可供出售金融资产/认可资产的分类：$F_1 < 0.001$；$0.001 \leqslant F_2$。

根据以上数据，可计算得出信息增益如下：

$$H(T) = 0.881\ 3$$

（1）当属性分类指标为毛保费增长率时：

$$H(T \mid F) = 0.076\ 7$$
$$G = H(T) - H(T \mid F) = 0.804\ 6$$

（2）当属性分类指标为营业利润/已赚保费时：

$$H(T \mid F) = 0.056\ 7$$
$$G = H(T) - H(T \mid F) = 0.824\ 6$$

（3）当属性分类指标为可供出售金融资产/认可资产时：

$$H(T \mid F) = 0$$
$$G = H(T) - H(T \mid F) = 0.881\ 3$$

因此，根据以上计算结果，按照信息增益值的高低进行属性分类指标的选择，指标一为可供出售金融资产/认可资产；指标二为营业利润/已赚保费；指标三为毛保费增长率。这三个指标分别对应图 6-1 救助决策树的第 1、2、4 节点，第 1 结点是流动性风险与否的判断，应用可供出售金融资产/认可资产这个指标显然是非常适合的，另外两个指标应用于第 2、4 节点也具有一定解释能力。当然，由于实证分析只选择了三个指标，不可能解决完美构建节点这个问题，在以后的研究中还可以尝试扩大样本指标的数量，以增加实证分析的有效性和可行性。

第三节　问题保险公司救助结果的成本收益计算模型

同样如第三章中的分析，虽然决策后果常常可以用资本货币数值来表示，但经济后果并非救助决策的唯一参考因素。尽管如此，能够使用资本货币数值评估救助策略对应的成本收益仍然具有很强的积极意义，也是很有必要的分析工作。本节针对此议题，结合图 6-1 决策树中的不同救助方式及其结果，计算不同节点的成功收益与失败成本，即对于每一项救助方式或策略的结果，分析其成功收益或失败成本。

一、救助结果成本收益计算模型的基本假设

（1）保险公司期初的资本为 S。

（2）假设每个业务期保险公司承保相近的保单合同，保险业务的利润是个带有正期望值的随机变量，服从发布 $F(x)$。

（3）如果保险公司的资本在期末变成负值，则公司破产，退出该行业。

（4）如果保险公司的资本在业务期末超过 MCR（MCR 是最低资本要求），超过的那部分资金要进行分配，如支付红利和纳税等。

（5）保险公司的资本服从随机游走，下限 $S=0$。

（6）MCR 可以理解为必需的最低资本要求，即支付股东红利之前保险公司必须要有的最低资金准备。因此，MCR 的数量选择将会决定红利的支付数量：s_0，s_1，s_2，…，s_t，…，这里 $s_t \geqslant 0$，经营 t 期期末的股东红利支付额如下：

$$V(S, MCR) = \sum_{t=0}^{\infty} v^t E(s_t)$$

如果保险公司可以自由选择分红政策，那么它将会最大化 $V(S, MCR)$。股东的红利支付政策可用一个函数表达：

$$s_t = s(s_0, \cdots s_{t-1}, S_0, \cdots S_t, t)$$

二、救助结果成本收益计算模型的构建

如果保险公司的单一目标就是股东红利支付现值的最大化。那么，红利支付

函数将会是如下形式：

$$s_t = s(S_t)$$

最低资本要求 MCR 条件下的红利分配函数如下：

$$当\ MCR > S \quad s(S) = 0$$
$$当\ MCR < S \quad s(S) = S - MCR$$

某种意义上而言，对问题保险公司的救助是一项投资活动，公司恢复正常持续经营之后，未来各期红利现值就是收益之一。

未来各期红利现值的累积函数：

$$V(S,\ T) = 0 \qquad\qquad 当\ S < 0$$
$$V(S,\ T) = S - MCR + V(MCR,\ MCR) \qquad 当\ MCR < S$$

当 $0 \leqslant S \leqslant MCR$ 时：

$$V(S,\ MCR) = v\int_{-s}^{\infty} V(S+x)dF(x)$$

假设保险公司在一个业务期末因为亏损不能进行赔付，公司的亏损额是 T，公司不允许维持持续经营业务，属于股东的公司价值为：$V(-T,\ MCR) = 0$。

如果股东筹资去赔付那些索赔，公司还可以维持持续经营，这时属于股东的企业价值为：$V(0,\ MCR)$，如果能够满足下述条件，对保险公司进行救助将会有很好的投资回报：

$$V(0, MCR) - T > 0$$

如果股东再筹资 S，另加上必须的最低资本 MCR，股东对公司进行救助的回报收益将为：

$$V(S, MCR) - (S + T)$$

如果一家问题保险公司的亏损不是很大，救助它将会是一个非常好的投资，亏损的上限为：$T < V(MCR,\ MCR) - MCR$。

如果亏损超过这个上限：$T \geqslant V(MCR,\ MCR) - MCR$，那么股东将会接受公司破产的结果，放弃救助而进入破产清算程序。

第四节　本章小结

第一，问题保险公司救助的决策者是谁？一般认为是银保监会、各级政府等监管机构，但这会导致一些弊端，比如会对问题保险公司形成过高的监管容忍度、需要建立一个救助的常设机构而导致资源浪费、存在滥用保险保障基金的可能性等。但是，如果保险保障基金公司成为救助的首选决策者，不仅能够克服上述弊端，而且也能够与银保监会等监管机构形成有效的分工协调与权力制衡。

第二，问题保险公司救助的决策目标是什么？其总体目标是"要维护一个有效、公平、安全和稳定的保险市场，保护保单持有人的利益不受侵害"，现实目标是防范保险公司出现"重大风险"并导致"严重危及社会公共利益和金融稳定"。因此，保险保障基金公司作为第一决策者，需要评估问题保险公司的风险状况和风险属性，权衡"救助"和"不救"策略及后果，以有效和经济的方式实现决策目标。参考外部制度环境和信息资料，对问题保险公司救助决策的目标为：维持保险行业稳定和保障保单持有人利益。依据不同的经济周期来选择不同的救助策略：在经济衰退周期，尽量采用维持持续经营救助，避免问题保险公司的市场退出；在经济繁荣时期，可在风险评估的基础上，进行持续经营救助或是市场退出补偿救助的选择。

第三，问题保险公司救助的决策树分析。对问题保险公司的救助，是一个在不确定条件下、多阶段的风险决策问题。因此，必须结合我国保险业实际，分析影响决策者的内在偏好和外部不确定性的各种因素。以保险保障基金公司为决策者，采用决策树方法进行分析，基于救助程序、风险属性、救助方式等内容构建决策树的节点、分枝与行动策略。

第四，问题保险公司救助的风险决策理论的分析框架，可具体表述为：

$$"救助" \geqslant "不救" \Leftrightarrow EU(救助) \geqslant EU(不救)$$

其中，EU 表示期望效用，即"救助"和"不救"分别导致的各种可能结果的效用及其对应概率大小。照此模型，选择救助或不救的关键，是要分析这两项决策所对应的各种可能后果，这些后果对于决策者（即保险保障基金公司）的意义、价值以及发生这种后果的可能性大小。

如果决策者选择"救助"，必然会发生一定的救助成本，救助行动所导致的后果有两种：①救助成功即维持持续经营状态；②救助失败则破产清算等退出市场。保险保障基金之所以要救助一家问题保险公司，是因为救助的期望效用大于不救的期望效用。

如果决策者选择"不救"，所导致的直接后果是以下两种：①较好结果：公司被监管机构接管后，经过整顿，并通过将部分业务转让给其他公司等措施后，公司得以恢复正常营业，既保护了保单持有人利益又避免损失保险保障基金。②较差结果：公司被接管后，关键职员陆续离职，股东不愿或无法追加资本金，转让业务的折价部分却不得不由保险保障基金进行补贴，既动用了保险保障基金，最后还是没能救活公司，而且，该公司的破产清算还可能危及其他金融机构。

第五，通过决策树算法对数据指标进行实证分析，依据其对救助决策的影响程度而自动生成不同的决策节点，并因此建立决策树。选择决策树算法的经典方法——ID3 算法，通过对毛保费的增长率、营业利润/已赚保费、可供出售金融资产/认可资产三个财务指标的分析，尝试建立问题保险公司救助分析的决策树。实证结果说明，利用 ID3 算法得出的指标——可供出售金融资产/认可资产，应用于图 6-1 的第一节点是非常适合的，另外两个指标应用于第 2、4 节点也具有一定解释能力。

第六，通过对救助决策树救助方式节点的成本收益模型计算，如果仅考虑经济成本因素，假设一家问题保险公司的亏损不是很大，保险保障基金公司等机构救助它将会是一个非常好的投资，救助行动将会获得较好回报。这里所指亏损的上限为：$T < V(MCR，MCR) - MCR$；如果亏损超过这个上限：$T \geqslant V(MCR，MCR) - MCR$，那么股东将会接受公司破产的结果，放弃救助而进入破产等清算程序。实际上，只要问题保险公司的亏损额度在 $(V - MCR)$ 之内，救助的收益就大于救助成本。

第七章

构建问题保险公司救助的实务框架

我国关于问题保险公司救助的法律法规、管理办法等有九种之多，但真正对一家问题公司实施救助行动时，却又会发现无章可循。原因在于目前还缺乏一个公开透明的问题保险公司救助的实务框架和机制，还缺乏一个针对问题保险公司救助的专业性法规，施救机构不知从何人、何时、何地开始启动程序与实施行动。因此，实践中迫切需要建立这样一个问题保险公司救助的实务框架，具体包括以下内容：第一，救助问题保险公司的程序与步骤；第二，问题保险公司的风险处置方式；第三，救助原则与方式；第四，补偿救助内容；等等。

第一节　问题保险公司的风险处置方式

从广义上理解，维持问题保险公司持续经营型的风险处置方式都属于救助的范畴，准确说是"救活"；而市场退出型的风险处置方式必然涉及补偿救助的内容，即"救死"。因此，问题保险公司的各种风险处置方式与救助之间存在着密切关系。通过梳理问题保险公司风险处置的相关法律法规，发现其中规定的处置方式多达十几种。制定科学的选择标准与依据是合理利用这些处置方式的前提，在此之前，还需对种类繁多的风险处置方式进行分类与归纳。

一、风险处置方式的分类

对问题保险公司风险处置的各种方式，可以根据救助结果的不同或者按照救助发起人的不同而进行分类。发起人可以是来自司法部门的人民法院、银保监会、各种市场主体等。各种处置方式按照持续经营与否，可分为"救活"和"救死"两类，前者是指通过实施救助使问题保险公司得以继续经营下去，简称"救活"，即持续经营型；后者是指让问题公司破产倒闭，清算并退出市场，简称"救死"，即市场退出型。

1. 不同结果的救助方式

"救活"型的措施包括：重整、接管、托管、和解、整顿、整改、转让、持续经营救助。其中，让问题保险公司依然拥有经营自主权的措施有：重整、和解、整顿、整改、救助。而让问题公司放弃或丧失自主经营权的措施有：接管、托管、转让三种方式。

"救死"型的措施包括：解散、破产、撤销三种清算过程，保险保障基金在其中的职能主要是补偿救助，即救助保单持有人的相关利益损失。

依据不同法律法规，问题保险公司风险处置方式的分类详见表 7-1。

表 7-1 问题保险公司风险处置方式的分类

法律法规	持续经营型	市场退出型
《公司法》	—	解散、破产
《企业破产法》	重整、接管、托管、和解	破产
《金融机构撤销条例》	—	撤销
《保险法》	重整、和解、整顿、接管	解散、破产、撤销
《保险公司管理规定》	—	清算
《保险公司偿付能力管理规定》	整改、接管	—
《保险公司保险业务转让管理暂行办法》	转让	—
《保险保障基金管理办法》	持续经营救助	补偿救助

2. 按不同发起人的分类

根据前文法律法规相关内容的分析，问题保险公司的风险处置方式按照发起人的不同可以分为三类：市场方式、行政方式、司法方式。为了完善保险市场退出机制及降低救助成本，并基于我国保险业的实际情况，现实中三种风险处置方式的选择顺序多为：行政方式优先；市场方式次之；司法方式最后。

（1）行政方式。行政方式是指由政府、银保监会等监管机构所发起的针对问题保险公司的风险处置行动。基于我国保险行业的监管环境现状和实际情况，以及保险企业经营的负债特性和社会大众性，对问题保险公司采取行政救助方式在实务中最为常见。依照相关法律法规的内容，问题保险公司风险处置的行政方式包括以下六种路径：

风险处置路径 1：整改—未能改进—整顿—出现《企业破产法》第二条规定情形的—重整或者破产清算，如果重整没有取得效果则进行破产清算。法律依据见《保险法》第一百四十一条、第一百四十九条的规定。

风险处置路径 2：托管—出现《企业破产法》第二条规定情形的—重整或者破产清算，如果重整没有取得效果则进行破产清算。法律依据是《企业破产法》第一百三十四条与《保险法》第一百四十九条。

风险处置路径 3：情节严重者（相对托管的情况而言）—接管—出现《企业破产法》第二条规定情形的—重整或者破产清算，如果重整没有取得效果则进行破产清算。法律依据见《保险法》第一百四十五条与第一百四十九条。

风险处置路径 4：撤销—解散—清算。法律依据：《金融机构撤销条例》第五条与《保险法》第八十九条。

风险处置路径 5：行政重组。可参考借鉴《证券公司风险处置条例》第十二条中对重组的规定，关于保险公司重组的法规目前尚未出台。

风险处置路径 6：维持持续经营救助。方式的行使主体是保险保障基金公司，救助决策主要是基于风险决策分析，以及救助收益与救助成本之间的对比分析。法律依据见《保险保障基金管理办法》第八条和第十六条的内容规定。

（2）市场方式。问题保险公司风险处置的市场方式是指市场并购、市场重组、保单转让三种形式。并购具体可见《公司法》第一百七十三条公司并购的内容，专门针对保险公司并购的法规目前还没有。根据发起人的不同，重组可分为市场重组与行政重组。市场重组是保险公司自愿通过市场实现股份分拆、合并、资本缩减（部分偿还）以及名称改变等行为。《保险公司保险业务转让管理暂行办法》（2011）的出台给保险公司风险处置的市场程序多了一项选择，其第六条规定保险业务转让双方应当在平等协商基础上订立保险业务转让协议，保险业务转让是双方通过市场自愿协商交易完成的。

（3）司法方式。司法方式是指由人民法院发起的针对问题保险公司的风险处置方式。司法方式包括以下三种：和解、重整、破产清算。三种方式的法律依据可见《保险公司管理规定》（2015）第三十四条："保险公司有《中华人民共和国企业破产法》第二条规定情形的，依法申请重整、和解或者破产清算。"

中国台湾亦有相关规定，保险业因业务或财务状况显著恶化，不能支付其债务，或无法履行契约责任或有损及被保险人权益之时，主管机构依情节的轻重，分别为下列处分：监管、接管、勒令停业清理、命令解散。依前项规定监管、接管、停业清理或解散者，主管机关得委托其他保险业、保险相关机构或具有专业经验人员担任监管人、接管人、清理人或清算人；其有涉及安定基金补偿事项时，并应通知安定基金配合办理。

我国实务中对问题保险公司的处置方式多采用行政方式，这可参考表 7-2 对问题保险公司风险处置方式的选择。从欧美发达国家的经验来看，行政方式的选择具体包括：政府购买优先股权、先接管再并购、行政重组、终止运营、协助并购、协助保单转让等。如此丰富的行政处置措施，对于我国问题保险公司风险处置方式的选择具有很强借鉴意义，即在可能的条件下，尽可能选择行政方式对问题公司进行救助或风险处置，这对于稳定行业信心和保护保单持有人利益具有积极作用。

表 7-2　问题保险公司风险处置方式的国际借鉴

问题保险公司	国家或地区	时间	诱发因素	处置方式
Quinn	爱尔兰	2010 年	财务保证金用于股票投机交易	行政方式，以后被并购
AIG	美国	2008 年	CDS 业务；股票借贷担保的风险投资	以保险子公司作为抵押，政府购买优先股
Mannheimer	德国	2003 年	对消费者的投资担保；股市危机初始阶段的高风险资产组合和低资本水平	行政方式；保单转让
HIH	澳大利亚	2001 年	通过并购活动的机构规模扩张；不充足的准备金；关键职员的欺诈行为	行政方式；破产；补偿救助
数家人身险公司	韩国	1998—2001 年	短缺险业务的投资最低保障；久期业务的低利率；大量低质量企业贷款组合	行政方式；终止运营；政府重组或出售
数家人身险公司	日本	1997—2001 年	短缺险业务的投资最低保障；久期业务的低利率；大量低质量企业贷款组合	行政方式；终止运营；保单业务转让给健康公司
Equitable life	英国	2000 年	保障的年金选择权；准备金不足	行政方式；破产，部分保单业务转让
数家人身险公司	美国	1991 年	短期产品的投资最低保障；大量的房地产和垃圾债券组合	行政方式；保单业务转让给健康公司

资料来源：OLIVER WYMAN. Insurance and issues in financial soundness[C]. IMF, 2003.

二、不同风险处置方式的选择依据

导致保险公司陷入危机的诱因涉及很多方面，从风险性质上可分为：流动性风险、偿付能力不足风险、系统性风险等。监管机构应认真分析这些风险性质与影响范围，根据风险与处置方式相匹配的原则，进行持续经营救助收益与救助成本的对比分析，"对症下药"，选择救助的不同方式。

（1）仅存在流动性风险的问题保险公司，此类公司只是缺乏流动性资金，而主营业务、投资业务等正常，对其注入流动性资金往往可以帮助其渡过危机，维持持续经营救助的收益大于成本，相应的风险处置方式为：整改、托管、维持持续经营救助。

（2）对不存在系统性风险、但存在偿付能力不足风险的问题保险公司，经过资产负债情况等财务分析，如果维持持续经营的救助收益大于救助成本，对应的风险处置方式为：整顿、并购、重组、维持持续经营救助。

（3）对不存在系统性风险、偿付能力严重不足的问题保险公司，经过资产负债情况等财务分析，如果维持持续经营的救助收益小于救助成本，对应的风险处置方式为：撤销、解散、破产、和解、保险业务转让。

（4）对存在系统性风险的问题保险公司，不实施必要的风险处置方式必将导致风险的传染与扩散，影响整个行业的稳定与发展，因此维持持续经营的救助收益大于救助成本，对应的风险处置方式为：接管、维持持续经营救助。

问题公司的风险处置方式与保险保障基金运用方式归纳如图 7-1 所示。

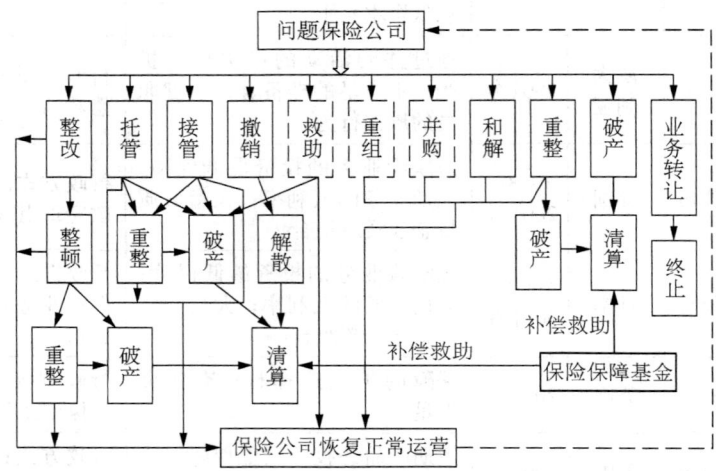

图 7-1　保险保障基金与问题公司的风险处置

注：图中虚线框代表目前缺乏法规依据的处置方式，即救助、并购、重组。

第二节　问题保险公司救助的程序步骤、原则与方式

问题保险公司的救助实务中缺乏可操作性的法定程序与步骤是个现实难题。当一家或几家保险公司出现财务危机、重大投资失误等破产危机时，保险保障基金及其他监管机构该如何行动？如何去评价问题公司的风险属性和后续影响？如何采取及时措施去阻止类似公司的风险传染与扩散？保险保障基金公司救助的对象公司包括：①流动性不足但偿付能力充足的问题公司。②偿付能力不足的问题公司，但对其救助的收益大于成本。③处于前文所述七种风险处置方式中的公司，具体是指在整改、和解、托管、接管、重整、重组、并购七种风险处置方式

范围内。④大概率会引发系统性风险的问题公司，保险保障基金公司协调银保监会等机构进行紧急救助。本节初步探讨问题保险公司救助的程序步骤、原则与方式等实务问题。

一、问题保险公司的救助程序

保险保障基金对问题保险公司的救助是个复杂的系统工程（见图7-2）。首先，要对问题公司的风险进行分析，重点是判断是流动性风险还是偿付能力不足风险。判断的方法分两种：静态的指标法和动态模型法，静态指标法是依据该公司的财务指标：资产与负债的状况、偿付能力充足率、投资回报率、保费增长率等去判断风险实质。动态模型法是运用理论模型通过实证分析保险公司的偿付能力不足等问题。

在流动性风险与偿付性风险的辨别过程中，偿付能力不足风险是重点。因为如果保险公司偿付能力不足，那么其流动性也会不足；而如果偿付能力充足，但是流动性不足，那么保险保障基金公司进行贷款救助即可。问题如果是偿付性危机，则需要进一步分析：问题保险公司是否会引发系统性风险？如果大概率引发系统性风险，就由保险保障基金公司协同监管机构进行紧急救助；如果是并不会引发系统性风险，则由保险保障基金公司进行救助的决策分析，如果救助收益大于救助成本就救助，否则就让该保险公司进入补偿救助程序，保险保障基金将选择相应的补偿救助处置方式，如救助保单持有人或者保单受让公司等。

二、问题保险公司的救助步骤

对问题保险公司持续经营救助的步骤如下：①流动性风险与偿付能力不足风险的识别，如果仅是流动性风险则由保险保障基金等直接救助。②如果问题保险公司存在偿付能力不足的风险，需要进行是否会引发系统性风险的分析，假如可能会引发系统性风险，则由保险保障基金公司协调银保监会等机构实施救济救助。③如果存在偿付能力不足风险但是不会引发系统性风险的公司，则要进行救助的决策分析。④经过风险救助决策分析，如果救助收益大于成本的，实行维持持续经营救助。⑤经过风险救助决策分析，救助收益小于成本的，则实施破产清算等风险处置方式，进入补偿救助阶段。

问题保险公司的救助程序与步骤如图7-2所示。

三、问题保险公司的救助原则

保险保障基金"救活"保险公司，我国保险业有多个成功案例，最为经典的是在2007年5月29日，保险保障基金收购了XH保险三家关联股东共22.53%

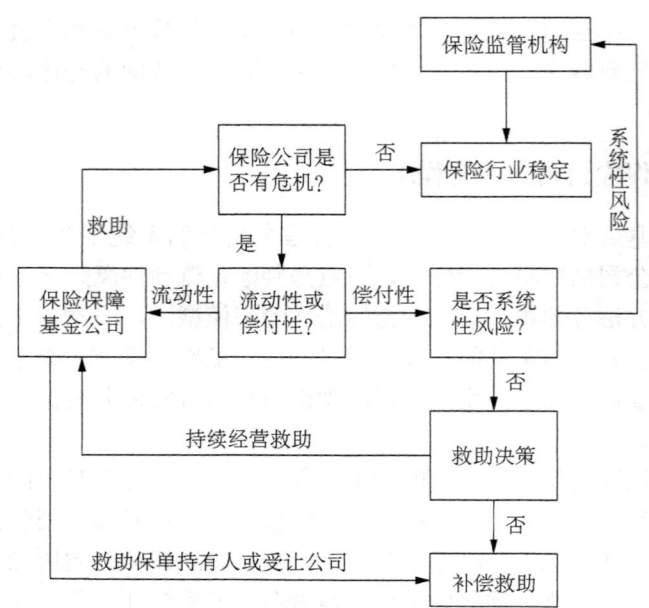

图 7-2　问题保险公司救助的程序与步骤

的股份，实际控股了 XH 保险①。当时，此案例也引发了应该如何使用保险保障基金的热烈讨论。实际上，即使在全球范围内，关于如何有效使用保险保障基金"救活"一家公司，尚未具备足够多的经验。银行业的存款保险制度，与保险保障基金制度完全平行且积累经验相对较多，但仍不尽人意。以美国联邦银行存款保险公司（FDIC）的经验为例，美国国会从 1950 年《联邦存款保险法案》开始授权，允许 FDIC 援助有问题的银行，对实施援助的条件进行了限制，要求进行所谓"必要性测试"（essentiality test），但由于法律和以往的判例都没有具体规定怎样才算满足这种"必要性"，实施起来很困难，操作过程中主要依据基金理事会的意见。而且，各国保险业的具体环境不一样，难有统一的模式。

在风险决策的分析框架下，对问题保险公司的维持持续经营救助变成对一系列救助方案的评估和比较。但被选方案往往不是现成的，甚至不是有限的。应该根据我国保险业的实际情况，不断提出、研究、探索和实践一些有效方法。特别重要的是，应根据保险保障基金的性质和目的，建立一些使用原则，用以指导和分析各种具体方案。为此，本书针对"救活"（即持续经营救助）保险公司的目标，尝试提出以下原则。

---

① 李隽琼.16 亿填新华人寿 26 亿元资金窟窿[N].北京晨报,2007-05-30.

1．及时原则

持续经营救助问题保险公司必须遵循及时性原则，恰当选择救助时机是各国救助问题保险公司的一个难题，一旦保险公司出现资金缺口，出现偿付能力不足风险，就有可能进一步发展成为更大的缺口，致使破产事件发生，甚至引发系统性风险。为避免这种个体公司风险的传播与扩大，保险保障基金公司及监管机构应及时介入实施救助，救助时机越早，成本就会越低。

2．短期原则

即对救助对象的救助是短期或临时的。保险保障基金来自各家保险公司缴纳的基金，根本来源是投保人缴纳的保费，唯一目的就是为保单持有人的保险利益提供保障，差异仅仅在于选择"直接"还是"间接"提供保障，除了应遵循成本原则外，也应有时间限制，"间接"保障方式，即对目标公司的维持持续经营救助应该是短期或临时的。因为，如果保险保障基金公司长期成为某家公司的股东，与其作为行业风险救助基金的身份并不相符，对其他保险公司也是不公平的。再者，救助期限过长的话，也难以界定基金使用的实际目的和作用，更难以核算基金的使用成本。

3．成本原则

"救活"的损失成本要小于"救死"的损失成本。"救活"的含义是指通过救助使公司免于被清算。"救死"的含义则是指公司被清算和业务被转让时，直接用保险保障基金补偿保单持有人的保险利益。"救死"的成本主要包括：保险公司退市的成本、资产损失、人员安置成本等。由于风险的不确定性，损失成本是指决策者的评估值，包括用于救助目标公司或保单持有人的直接成本和由该公司倒闭引发的其他机构损失的间接成本。借鉴一下美国的联邦存款保险公司的经验，维持持续经营救助方式并不是经常用的救助措施，从 1950 到 1982 年间，只有当被救助机构的继续经营对于向当地社区提供充分的银行服务"必要"的情况下，联邦存款保险公司才能动用这一救助手段。1991 年通过的《联邦存款保险公司促进法案》，要求联邦存款保险公司事前证明银行持续经营救助是保险基金成本最小的处置方式，只有为防止银行业的系统性风险时才能偏离这一最低成本要求[①]。

四、问题保险公司的救助方式

1．抵押贷款

在《保险保障基金管理办法》中并没有明确可以采用哪些救助方法和措施。

---

① 美国联邦存款保险公司.危机管理：1980—1994 年联邦存款保险公司和处置信托公司的经验[M].中国金融出版社，2004.

根据实践经验来看，在各种可能的短期救助措施中，保险保障基金以紧急贷款的方式，救助处于被接管或处于破产边缘的保险公司，应该是首选的救助方式。该方式的优点在于便捷高效，以股权作为抵押又具有一定的安全性；缺点是容易造成保险公司的道德风险，如果贷款不能有效救助保险公司，就会形成坏账而无法收回。为了更好地实施贷款救助，需要该办法的三位主要制定者，即中国银保监会、财政部和中国人民银行努力协作，尽快完善我国保险保障基金的贷款救助方式和实施程序。

以中国台湾使用保险保障基金（台湾地区又称之为"安定基金"）救助保险公司的规定方式为例。中国台湾现行《保险法》（2001 年修正）第一百四十三条第三款规定，安定基金之动用，以下列各款为限：对经营困难保险业之贷款；保险业因承受经营不善同业之有效契约，或因合并或变更组织，致遭受损失时，得请求基金予以补助或低利抵押贷款。① 再以我国保险保障基金 2007 年救助 XH 保险的案例为例，如果当时已经为保险保障基金的使用设计好一种特殊的"低息贷款"方式和程序，则贷款方式明显要优于直接收购股权的方式，XH 保险三位股东的 22.53％股权倒是可以作为获得保险保障基金低息贷款的抵押。

2. 政府资助

保险保障基金的资金规模不足以救助某些问题保险公司的资金缺口时，需要求助于政府资金资助。美国的"问题机构救助计划"（TRAP）使美国政府可以向其他金融机构购买资产或股权，用以增强该金融机构的财务实力。TRAP 救助的目标是通过购买问题机构的资产或股权来提高其流动性，从而改善其财务报表，达到维持金融市场的稳定。在 2008 年全球金融危机中，美国联邦储备委员会授权纽约联邦储备银行向陷于破产边缘的美国国际集团（AIG）提供 850 亿美元紧急政府资助。为保障纳税人的利益不受损害，AIG 以其全部资产为抵押物。从这个例子可以看出：对于 2008 年 AIG 这样巨大的财务窟窿，美国的保险保障基金肯定是力不从心，还需要政府机构的资金资助。其他的"以股权为抵押的政府资助"救助方式例子还包括：2008 年 10 月 21 日，比利时政府拨 15 亿欧元（约 20 亿美元）资金，救助处于困境中的 Ethias 保险公司；2008 年 11 月，荷兰政府向保险巨擘 ING 集团提供 100 亿欧元紧急资金援助。总之，政府资助是监管机构可行的救助选择，股权抵押则是被救助者自身需要付出的代价。对于我国保险保障基金管理者来说，很有必要尽快推出一套类似的政府资助救助程序和救助计划。

① 杨占义.我国保险保障基金的使用方法及其问题的研究[D].上海：上海财经大学,2007:87-90.

3.资本宽限安排

因为很多问题保险公司的风险只是流动性风险，如资产与负债的错配情况所致短期资金缺口，如果能够给予时间宽限，公司就能够自行处理这些问题。保险保障基金公司协调其他监管机构对问题保险公司不能达到监管标准的资本要求给予一定的时间宽限。这种宽限安排允许若干以安排稳健方式经营的陷入困境的机构暂时不必达到规定的资本标准。资本宽限安排也是美国联邦存款保险公司对问题银行采取的一种处置策略①。

4.协助并购

问题保险公司在保险保障基金、银保监会等机构的协助下，与其他健康的保险公司进行并购，保险保障基金等可以作为担保方以促使并购活动的达成。并购作为一种市场方式，其救助的社会成本是最低的，不会影响到行业的竞争机制，不会让其他公司感到不公平（如保险保障基金成为某家公司的股东），也不会让纳税人分摊更多的救助费用。因此，保险保障基金如何协助问题保险公司实现并购，是值得各方面去思考和完善的课题。

第三节 保险保障基金的补偿救助

持续经营救助与补偿救助的区分点在于问题保险公司持续经营与否。如果保险公司进入破产清算、撤销清算等阶段，对保单持有人的相关利益进行救助就属于补偿救助范围。根据问题保险公司的救助程序与步骤，如果问题公司被监管机构和其他市场主体放弃持续经营救助后，将进入补偿救助的阶段。法律依据见《保险保障基金管理办法》第十九条规定："保险公司被依法撤销或者依法实施破产，其清算财产不足以偿付保单利益的，保险保障基金按照下列规则对非人寿保险合同的保单持有人提供救助……"，人寿保险合同的相应规定可见《办法》第二十一条。

一、问题保险公司的清算过程

公司清算是指公司解散或被宣告破产后，依照一定的程序了结公司事务，收回债权，清偿债务并分配财产，最终使公司终止消灭的程序。《现代汉语辞海》将"清算"解释为"彻底的计算"或"彻底的查究、相应处理"。我国的清算制

---

① 美国联邦存款保险公司.危机管理：1980—1994年联邦存款保险公司和处置信托公司的经验[M].中国金融出版社，2004.

度可分为破产清算与非破产清算，解散清算与撤销清算属于后者。我国《公司法》规定的公司清算是狭义上的清算，包括普通清算和特别清算。普通清算是指公司解散后由公司股东自行组织实施的清算，它是消灭公司主体资格、了结公司债权债务关系的最主要形式。特别清算是指由法定机关（如人民法院或者行政机关）组织实施的公司清算，由法院指定清算组进行的公司清算。

1. 问题保险公司的解散清算

解散清算属于行政清算范畴，也属于非破产清算。公司解散是指引起公司法人资格消灭的法律事实，可分为自愿解散与强制解散。自愿解散是指公司开办者或者股东认为公司已经完成或无法实现章程的目的，而自愿解散其设立的公司，并退出市场的法律行为。强制解散是指因法律规定由行政机构决定或者司法机关裁决而解散公司，对此公司开办者或股东不能选择。自愿解散包括《中华人民共和国公司法》（2005）第一百八十一条中的第（一）项、第（二）项、第（三）项三项内容①；强制解散包括其中第（四）项、第（五）项两项内容，按照其第（四）项的内容"依法被吊销营业执照、责令关闭或者被撤销"，撤销是解散的原因之一，撤销将导致解散清算。

由于保险产品的保障性和社会参与率较高，保险公司的解散对社会经济秩序稳定会造成负面影响，所以保险公司的解散必然受到一定限制。保险公司的解散必须经银保监会的批准；人身保险公司除因分立、合并或者被依法撤销外，不得解散。我国《保险法》第八十九条规定："保险公司因分立、合并需要解散，或者股东会、股东大会决议解散，或者公司章程规定的解散事由出现，经国务院保险监督管理机构批准后解散。经营有人寿保险业务的保险公司，除因分立、合并或者被依法撤销外，不得解散。保险公司解散，应当依法成立清算组进行清算。"

2. 问题保险公司的撤销清算

撤销清算属于行政清算程序，也属于非破产清算。撤销的定义可见《金融机构撤销条例》（2001）第二条，本条例所称撤销，是指中国人民银行对经其批准设立的具有法人资格的金融机构依法采取行政强制措施，终止其经营活动，并予以解散。撤销保险公司的主体不仅是中国人民银行，保险监督管理委员会也可以采取强制措施撤销问题保险公司。对保险公司的撤销规定见我国《保险法》第一

---

① 《中华人民共和国公司法》(2005)第一百八十一条规定："公司因下列原因解散：(一)公司章程规定的营业期限届满或者公司章程规定的其他解散事由出现；(二)股东会或者股东大会决议解散；(三)因公司合并或者分立需要解散；(四)依法被吊销营业执照、责令关闭或者被撤销；(五)人民法院依照本法第一百八十三条的规定予以解散。第一百八十三条公司经营管理发生严重困难，继续存续会使股东利益受到重大损失，通过其他途径不能解决的，持有公司全部股东表决权百分之十以上的股东，可以请求人民法院解散公司。"

百五十条①，保险公司被撤销的原因有两个：一是违法经营被吊销经营保险业务许可证；二是偿付能力不足。如何组织清算并未在《保险法》中得以明确，本书认为保险保障基金公司参与清算组将有利于相关工作的开展，并能够提高清算工作的效率和公平性。

解散清算与撤销清算都属于非破产清算程序，也是行政清算的范畴。在这两种情形中，以银保监会为代表的监管机构将发挥主导作用，对清算的决策、清算组的组成、补偿救助等重大决定起到关键作用。这两种清算的最终处理结果是：分配剩余财产后，公司注销；发现公司财产不足以清偿债务的，转为破产清算程序。

3. 问题保险公司的破产清算

破产清算属于特别清算，《企业破产法》的规定是"对丧失清偿能力的债务人，经法院审理与监督，强制清算其全部财产，公平清偿全体债权人"的程序。《公司法》中的破产清算是指处理经济上破产时债务如何清偿的一种法律制度，即在债务人丧失清偿能力时，由法院强制执行其全部财产，公平清偿全体债权人的法律制度。问题保险公司破产清算的规定见我国《保险法》（2009）第九十条②。保险公司破产清算的一个重要前提就是：获得国务院保险监督管理机构的同意。另外，破产清算发起人可以是保险公司、债权人或者国务院保险监督管理机构。

例如，澳大利亚 HIH 破产清算案。2001 年 5 月 17 日，澳大利亚高等法院正式宣布 HIH 破产，这是澳大利亚历史上最大的破产案件。HIH 的实际总损失可能高达 36 亿～53 亿澳元，为了最大限度地弥补保险客户的损失，澳大利亚联邦政府决定提供 5 亿澳元援助，新南威尔士和昆士兰州政府将分别承担 6 亿和 4 亿澳元，但这些实际上来自纳税人的钱还远不够。为此，新南威尔士州政府计划每年向保险业征收 6 900 万澳元的税收，这意味着保险费率将增加 5%，更意味着这些钱将转嫁给众多的投保人。最后，HIH 破产所造成的巨额亏损最终要分摊到公司股东、保单持有人以及众多的纳税人头上。调查人员指出，要偿还完 HIH 的负债还要等上十几年，最终偿还的数额也将远远小于原有保单上的承诺③。

---

① 第一百五十条规定："保险公司因违法经营被依法吊销经营保险业务许可证的，或者偿付能力低于国务院保险监督管理机构规定标准，不予撤销将严重危害保险市场秩序、损害公共利益的，由国务院保险监督管理机构予以撤销并公告，依法及时组织清算组进行清算。"

② 第九十条规定："保险公司有《中华人民共和国企业破产法》第二条规定情形的，经国务院保险监督管理机构同意，保险公司或者其债权人可以依法向人民法院申请重整、和解或者破产清算；国务院保险监督管理机构也可以依法向人民法院申请对该保险公司进行重整或者破产清算。"

③ 葛云华，谢志刚，等.澳大利亚 HIH 保险公司破产案例[J].精算通讯,2007(314):36-37.

综上所述，解散清算、撤销清算属于行政清算范畴，也属于非破产清算，不同于破产清算程序。解散清算与撤销清算在公司财产不足以清偿债务的条件下可转为破产清算。行政清算程序区别于破产清算程序，保险公司的行政清算首先是对保险公司的资产、债权债务进行登记、确认等处理，然后在资产足以清偿债务的情况下对财产依法进行分配；在资不抵债的情况下，依法申请破产。保险公司被撤销后，应当采取由中国银保监会主导的行政清算程序。

二、保险保障基金在补偿救助过程的权限

保险保障基金公司在问题保险公司的补偿救助过程中应充当破产管理人、债权人、清算人等角色，事先以法律形式赋予基金公司以上权力职能，将打破现行制度职权责任不明确、不透明的情况，能够提高补偿救助及清算过程的效率。

1. 充当破产管理人

根据我国《企业破产法》（2006）第二十二条规定，管理人由人民法院指定，指定管理人和确定管理人报酬的办法，由最高人民法院规定。破产管理人是在破产程序中被依法指定或选任的，负责管理破产财产、处理破产事务的人。指定保险保障基金公司为破产清算过程中的管理人，有利于提高清算效率、保障清算公平、降低清算成本。因为，避免了人民法院等机构临时寻找和决策其他破产管理人的过程；保险保障基金公司在补偿救助过程成为事实上的债权人，同时充当破产管理人和债权人，可以提高清算的效率性和公平性；保险保障基金公司固定性地充当破产管理人，有利于经验积累和技术进步，降低清算成本。借鉴《日本保险业法》的破产程序，日本保险监管当局命令破产保险公司停止经营以及指定保险管理人并指令保险管理人进行管理为补偿救助的开始；保险管理人在准确掌握破产保险公司真实的财务状况的基础上，选择最大限度认可破产保险公司品牌价值的救助保险公司。

2. 担当债权人会议主席

债权人及债权人会议是问题保险公司清算过程的重要成员，其职权见我国《企业破产法》（2006）第六十一条规定[1]。按照《保险保障基金管理办法》第二十四条的规定，保险公司被依法撤销或者依法实施破产的，在撤销决定做出后或者在破产申请依法向人民法院提出前，保险保障基金公司在与保单持有人

---

[1] 第六十一条规定："债权人会议行使下列职权：（一）核查债权；（二）申请人民法院更换管理人，审查管理人的费用和报酬；（三）监督管理人；（四）选任和更换债权人委员会成员；（五）决定继续或者停止债务人的营业；（六）通过重整计划；（七）通过和解协议；（八）通过债务人财产的管理方案；（九）通过破产财产的变价方案；（十）通过破产财产的分配方案；（十一）人民法院认为应当由债权人会议行使的其他职权。债权人会议应当对所议事项的决议作成会议记录。"

签订转让协议后，并获得保单持有人对保险公司的债权[1]。因此，保险保障基金公司是清算过程的实际债权人。基金公司以实际债权人的身份担当破产管理人，将化解债权人与管理人之间的矛盾，并能切实保护清算过程中债权人的利益。

3．充当清算人或者清算组长

清算组的权力和职能在《公司法》（2005）第一百八十五条中得到说明。清算期间，被清算公司的法人地位依然存在，公司效力并未终止，清算组是被清算保险公司的法人代表。清算组负责破产财产的保管、清理、估价、处理和分配。清算组提出破产财产分配方案，经债权人会议讨论通过，报请人民法院裁定后执行。借鉴美国的经验，联邦存款保险公司（FDIC）一般被法院或其他权力部门任命为清算人。

因此，保险保障基金公司作为清算人非常重要，这是因为它负责最大限度地替被清算机构的债权人收回债权。保险保障基金公司自身也是被清算机构的债权人。作为清算人，保险保障基金公司有广泛的法定权利和权力来保证接收过程的有效性。这些权力允许基金公司加快对倒闭机构的清算过程，在接收过程中实现成本效益最大化。

4．设置搭桥公司等专业性救助机构

构建一个完善的问题保险公司救助机制，仅仅靠一家保险保障基金公司是不够的，还需成立更加专业的机构，如能够接盘并伺机转让保单业务的搭桥公司或者托管公司等。实践中，我国《保险法》（2009）第九十二条规定："经营有人寿保险业务的保险公司被依法撤销或者被依法宣告破产的，其持有的人寿保险合同及责任准备金，必须转让给其他经营有人寿保险业务的保险公司……"。保险保障基金公司在保单转让过程中的主要职责就是作为第三方协助转让的顺利实现。例如，荷兰的保险保障基金 IGS 对寿险公司提供的救助安排（early intervention arrangement for life insurance，EIALA），救助的条件是问题公司的资产能够弥补责任准备金的不足，而拒绝救助偿付能力不足的公司。救助的途径有两种：一是提供荷兰保险协会进行再保险的安排，二是通过特设公司转让保单业务，然后该特设公司将这些保单转让给另一家保险公司。

搭桥保险公司的成立方式可借鉴日本的做法（见表7-3），例如，1999 年东邦生命相互保险公司的破产过程中，由东邦生命和 GE 基金股份公司以合资方式

---

[1] 《保险保障基金管理办法》第二十四条规定："保险公司被依法撤销或者依法实施破产的，在撤销决定作出后或者在破产申请依法向人民法院提出前，保单持有人可以与保险保障基金公司签订债权转让协议，保险保障基金公司以保险保障基金向其支付救助款，并获得保单持有人对保险公司的债权。"

设立新公司——GE 基金爱迪生生命保险股份公司（以下简称"GE 爱迪生生命"），由东邦生命对新公司转让营业资产、销售网络以及员工，作为交换东邦生命得到了 700 亿日元的资金。东邦生命集中精力进行其持有的保险合同的管理和资金运用，而新公司 GE 爱迪生生命则专注于保险产品的营销。

因此，设置搭桥保险公司专为接盘并管理被清算保险公司的保单业务，保险保障基金公司则专注于自身的权责职能。搭桥公司的性质是暂时性公司，一般运行两年，根据情况可延期一年。在接盘期间，搭桥保险公司或者保险保障基金公司积极为这些保单业务寻找市场买家和重组对象，或者找到其他的永久性解决方案。

表 7-3 日本保险业的搭桥公司

破产公司名称	救助方式	救助的具体情况	救助金额	最终结局
大正生命	新旧分离	由软银金融与大和生命以合资方式设立新公司：阿匝弥生命保险股份公司，大正生命得以集中精力管理其持有的保险合同，而新公司阿匝弥生命则专注于保险产品的营销	262 亿日元	阿匝弥生命在上述调整后的大约 1 年左右被大和生命吸收合并为大和生命保险股份公司
东邦生命相互保险公司	新旧分离	1999 年由东邦生命和 GE 基金股份公司以合资方式设立新公司——GE 基金爱迪生生命保险股份公司（以下简称"GE 爱迪生生命"），由东邦生命对新公司转让营业资产、销售网络以及员工，作为交换东邦生命得到了 700 亿日元的资金。东邦生命集中精力进行其持有的保险合同的管理和资金运用，而新公司 GE 爱迪生生命则专注于保险产品的营销	3 600 亿日元	东邦生命在 1 年后还是无可避免地陷入资不抵债而破产。以 GE 爱迪生生命为救助保险公司，接受了东邦生命的总括性保险合同转让。其后，GE 爱迪生生命被 AIG 并购，成为 AIG 爱迪生生命保险股份公司
第百生命保险相互公司	新旧分离模式	由第百生命和加拿大宏利人寿以合资方式设立新公司——宏利世纪生命保险股份公司。由第百生命对新公司转让保险经营，通过这种方式使第百生命得以集中精力管理其持有的保险合同，而新公司——宏利生命则专注于保险产品的营销	1 450 亿日元	第百生命在调整的大约 1 年后因资不抵债而破产。以宏利生命为救助保险公司，接受了第百生命的总括性保险合同转让

资料来源：稻田行祐.日本寿险公司破产四大案例[N].中国保险报,2011-06-20.

5．与其他机构的分工协作

参与补偿救助的其他相关主体包括人民法院、银保监会、中央银行、政府财政部门、搭桥公司等。保险保障基金公司与人民法院之间的关系主要发生在破产清算过程。其中，人民法院指定保险保障基金公司为破产管理人、债权人、清算人等角色，基金公司将对人民法院委托交付的任务负责、对债务人和保单持有人负责；保险保障基金公司与银保监会之间的协作主要在于解散清算、撤销清算过程，属于监管主体机构与附属职能机构之间的分工协作；与中央银行、政府财政部门之间，当保险保障基金规模不足以救助时，需要协调中央银行、财政部等部门进行资金的借调等。保险保障基金与搭桥公司之间的分工主要是关于保单接盘、转让过程的相关问题，如补偿保单资产与保单责任之间差价等任务专由搭桥公司完成。

三、补偿对象与补偿比例

1．补偿对象

根据《保险保障基金管理办法》第三条规定[①]，保险保障基金补偿救助的对象主要是：保单持有人、保单受让公司。保险保障基金直接对保单持有人的救助意味着保单业务的终止；对保单受让公司的救助则说明保单业务依然有效，只不过保险人主体发生了变更：从原保险人变为保单受让公司。

2．补偿比例

由于各国保险保障基金的规模有限，所以在进行救助时都规定救助的最高限额。最高限额的规定主要有两个方面：单一保单的救助限额和单一公司的救助限额。如欧盟保险保障基金 IGS 只能救助市场份额在 10% 以下的保险公司，规模更大公司的救助需要寻求其他机构共同解决。

保险保障基金救助限额的规定需要考虑道德风险、羊群效应等多方面因素。对保单责任的救助补偿比例过低，会导致保单持有人的恐慌情绪，容易造成羊群效应——大面积退保事件，影响保险业的稳定和金融秩序；对保单责任的救助比例过高，比如全额救助赔偿，又会导致保单持有人的道德风险，投保时不考虑公司的风险而只关注价格等其他因素，这将导致问题保险公司承担更多的保险责任。在 1933 年美国联邦存款保险公司成立之前，一般情况下，存款人只能从倒闭银行的清算中收回自己存款的 50%～60%，而且存款人常常要等好几年才能

---

① 第三条规定："本办法所称保险保障基金，是指按照《中华人民共和国保险法》和本办法规定缴纳形成，在本办法第十六条规定的情形下，用于救助保单持有人、保单受让公司或者处置保险业风险的非政府性行业风险救助基金。"

拿到这一部分钱，因为只有当倒闭银行的资产变现后才能用于支付。结果公众对银行体系的信心开始动摇，存款挤兑更加频繁从而引发更多的银行倒闭。

表 7-4　欧盟 IGS 的补偿限额与保单责任补偿比例

国家或地区	保单补偿最大限额	保单责任补偿比例	公司的补偿限额
拉脱维亚	2 833 欧元	人身险 100% 财产险 50%	无
马耳他	人身险 23 294 欧元	强制保险 100% 非强制人身险及财产险 75%	对一家公司的补偿限额 2 329 373 欧元
罗马尼亚	无限制	人身险及财产险 100%	无
英国	无限制	强制保险 100% 3 000 欧元之下 100% 3 000 欧元之上 90%	无
德国	无（维持保单连续）	无（维持保单连续）	无
波兰	人身险 30 000 欧元	人身险 50%	无
丹麦	财产险无限制	财产险 100%	无
芬兰	无限制	100%	无
爱尔兰	财产险 825 000 欧元	财产险 65%	无

资料来源：Oxera. Insurance guarantee schemes in the EU：comparative analysis of existing schemes, analysis of problems and evaluation of options[R]. Oxera，2007-08-31.

从表 7-4 可看出，欧盟一些成员国的保险保障基金 IGS 对保单的补偿限额均有不同的规定；除德国以外（德国强调维持保单的连续性经营，极力促使问题公司的保单转让给其他保险公司），对保单责任的补偿比例从 50%～100% 不等；对强制保险的补偿比例都是 100%；对人身保险的补偿比例普遍高于财产保险。根据 1975 年英国制定的《保单持有人保护法》，保单持有人保护委员会（The Policyholders Protection Board，PPB）给破产公司的保单持有人提供事后补偿救助。2000 年的《金融服务与市场法》颁布后，英国开始实行统一的金融服务补偿计划（financial services compensation scheme，FSCS），给所有因金融机构丧失偿付能力而遭受损失的消费者提供一站式（one-stop shop）的补偿救助服务，从此 FSCS 替代了 PPB 的工作。在补偿救助的金额上，保单持有人所获得的最高赔偿数额取决于其保单的类型。1975—2000 年，PPB 共赔偿 34 586 万英镑，其中强制性保险（例如汽车和雇主责任等）的赔偿程度为 100%，其他险种为 90%。2000 年以后，英国 FSCS 对非强制性保险险种的赔偿限额做出了调整，保单持有人索赔额在 2 000 英镑以内的可获得 100% 的赔偿，2 000 英镑以上部分获得 90% 的赔偿。我国保险保障基金对财产保险的补偿比例可见《保险保障基金管理办法》第十九条规定①，对人身保险的补偿比例可见第二十条及第二十一条规定。

我国保险保障基金的补偿比例存在的主要问题及解决建议：①缺乏对单家问题保险公司补偿的最高绝对限额，因为对一家大型保险公司的补偿额度可能远远超过基金自身的总规模。建议设立对一家保险公司补偿的最高绝对限额，以避免基金由于某个特殊事件而造成巨额补偿个案。②缺乏对单个保单持有人补偿的最高绝对限额，因为实践中存在着人身保险业务的高额保单，按照个人 90%、机构 80% 的相对比例去补偿原保单利益，保险保障基金有限的规模难以支撑。建议对每个保单持有人的补偿设立最高补偿限额。③80%、90% 的补偿比例是不是最佳的均衡点，并未得到理论和实践的证明。因此，应该以法律法规形式设定保险保障基金对单个公司和单个保单补偿的最高限额，并从理论和实践两方面去验证最佳的补偿比例。

第四节 救助实务框架的国际经验借鉴

本书选择日本的日产生命相互保险公司和美国 Executive 寿险公司两家问题公司的素材，根据前文救助实务框架的相关内容进行分析。

一、日本和美国两家问题保险公司的概述

1. 日产生命相互保险公司的情况概述

1997 年 4 月 25 日，日本保险主管当局对日产生命相互保险公司（以下简称"日产生命"），下达了停止保险业务的命令。并于次日命令日本寿险协会为保险管理人，并对日产生命的业务和财产进行管理。投保人保障基金对青叶生命支付了上述债务超过额，即 1 990 亿日元相当的资金援助。青叶生命是由保单持有人保护基金出资 10 亿日元成立，其职员由各大寿险公司安排在公司中有经验的人员担任。原日产生命的所有保险合同、财产全部转移至青叶生命。青叶生命的职

---

① 第十九条规定："保险公司被依法撤销或者依法实施破产,其清算财产不足以偿付保单利益的,保险保障基金按照下列规则对非人寿保险合同的保单持有人提供救助:(一)保单持有人的损失在人民币5万元以内的部分,保险保障基金予以全额救助;(二)保单持有人为个人的,对其损失超过人民币5万元的部分,保险保障基金的救助金额为超过部分金额的90%;保单持有人为机构的,对其损失超过人民币5万元的部分,保险保障基金的救助金额为超过部分金额的80%。前款所称保单持有人的损失,是指保单持有人的保单利益与其从清算财产中获得的清偿金额之间的差额。"

能是负责管理和维持原日产生命的有效保单而不能开展新的保险业务。

2. 美国 Executive 寿险公司的情况概述

Executive Life Insurance Company（简称 ELIC）破产前资产总额达到 105 亿美元，其总共持有数十亿美元的垃圾债券，致使 ELIC 投资恶化，与此同时，要求退保的人数也越来越多，更使其雪上加霜，并最终陷入偿付能力危机。1991 年 4 月加州保险局得到当地法院授权后，开始接管 ELIC，并停止了退保、保单贷款等业务，根据保险保障基金制度，对死亡保险金予以 100% 给付。同时加州保险局积极研究制定 ELIC 的重组计划方案，最终 Aurora National Life Assurance Company（简称 Aurora）成为承接保险公司，一套综合的重组方案于 1993 年 9 月 3 日开始启动生效。原 ELIC 的保单持有人可以选择接受 Aurora 的新保单，也可以选择退保①。

二、日本和美国两家问题保险公司的救助实务

1. 风险评估

日产生命是在泡沫经济时期销售了大量的高利率保险产品，在低利率年代产生了巨大的利差损。为了减少这些利差损，该公司倾向于高风险、高回报的资金投资模式，其结局是陷入破产危机。导致日产生命产生问题的风险诱因主要是：利率风险和投资风险，不属于流动性不足风险，而是真正的经营风险，且公司的主营业务已经受到风险影响。根据前文的分析，对日产生命保险公司的救助方式应是非自主型的持续经营救助或者直接市场退出型。

而 ELIC 是因为所持有垃圾债券的价值急剧下跌，致使 ELIC 投资恶化，最终陷入偿付能力危机，危机的原因属于典型的投资风险。另外，主营业务出现大量退保现象，也不属于流动性风险，适当的救助方式应是非自主型的持续经营救助或者市场退出型。

2. 救助的发起人

日产生命的救助发起人是自己，其向监管机构主动请求停止运营，请求投保人保障基金援助。ELIC 的救助发起人是加利福尼亚州法院，当地法院授权加州保险局接管 ELIC，并停止了退保、保单贷款等业务。

3. 救助方式

两者都属于非自主型的持续经营救助。日产生命的救助是通过搭桥公司的保单转让和购并实现的，保险保障基金出资，各大保险公司共同组建股份制青叶生命保险公司，再由青叶接管原日产尚未解约的保险合同，最后购并了日产生命。

---

① 加州保护与清算局.http://www.caclo.org.

ELIC 的救助方式属于行政方式，具体形式是并购重组，经过加州保险局的积极寻找，法国 Aurora 寿险公司购买了 ELIC 的不良资产。

4. 补偿救助的补偿比例

日产生命的保单持有人被降低保险金额、调整保险费率、降低退保金等；ELIC 的投保人有权选择参加重组计划，不参加要扣除高额退保金，只能得到 GIC 合同金额的 70%～80%。

5. 救助结果

救助日产生命的搭桥公司自身难保，青叶生命最终被保德信生命保险股份公司吸收合并。救助 ELIC 的 Aurora 寿险公司在 5 年重组期间按照程序可以得到保险保障基金会给付金。

日产生命与 ELIC 两家保险公司的救助实务情况详见表 7-5。

表 7-5　日产生命与 ELIC 的救助实务情况

保险公司	日产生命	ELIC
救助发起人	日产生命	加利福尼亚州法院
救助主体	搭桥公司——青叶生命	加利福尼亚州保险局
方式分类	行政方式	司法方式
救助阶段	持续经营救助（非自主型）	持续经营救助（非自主型）
救助方式	青叶公司接管原日产尚未解约的保险合同，最后购并了日产公司	重组。法国 Aurora 寿险公司购买了 ELIC 的不良资产
搭桥公司	青叶公司不能开展新业务，只能对现有的保险合同进行管理，当任务完成时就必须解散，但是青叶公司自身入不敷出，任务未完成，自己就可能要倒闭	无
补偿救助比例	降低保险金额、调整保险费率、降低退保金等。	投保人有权选择参加重组计划；不参加要扣除高额退保金，只能得到 GIC 合同金额的 70%～80%。
保险保障基金	保险保障基金出资组建青叶生命保险公司。	5 年重组期间，Aurora 寿险公司按照程序可以得到保险保障基金会给付金
救助结果	青叶生命最终被保德信生命保险股份公司吸收合并	暂时渡过危机

资料来源：杨帆.金融危机处置与退市法律保障[M].中国社会科学出版社,2003.

三、救助实务的国际经验借鉴

（1）保险保障基金公司在问题保险公司的救助过程中起着重要作用。日产保险公司救助的搭桥公司青叶公司是由保险保障基金出资组建的；在 ELIC 公司重组期间，保险保障基金承担给付的责任。因此，应充分发挥保险保障基金作为救助主体的权限和作用。

（2）投资风险是人身保险公司出现财务缺口或破产的重要诱因。日产保险公司倾向于高风险、高回报的资金投资模式，结局是陷入破产危机；而 ELIC 公司是因为投资垃圾债券，公司持有的证券价值萎缩，导致亏损扩大，最终陷入偿付能力危机。

（3）对问题公司的持续经营救助是有风险的，提高成功率需要建立在正确决策分析的基础上。案例中救助日产生命的搭桥公司——青叶生命也自身难保，最终又被保德信生命保险股份公司吸收合并。因此，对日产生命的持续经营救助行动是失败的。

（4）重组是问题保险公司风险处置的重要方式之一。从案例中的两个问题公司的处置方式来看，加州保险局选择对 ELIC 公司进行行政重组，而日本寿险协会对日产生命实施接管处置。但是，选择接管日产生命的青叶生命自身难保，而对 ELIC 进行重组 Aurora 寿险公司却渡过危机，保障了保单利益的延续和保单持有人的利益。

第五节　本章小结

一、风险处置方式的分类与选择依据

（1）总结问题保险公司各种可能的风险处置方式及其关系，具体方式包括：整改、托管、接管、整顿、并购、重组、撤销、解散、破产、和解、维持持续经营救助、业务转让。

（2）问题保险公司的风险处置方式可以分为三类：市场方式、行政方式、司法方式。现实中的选择顺序多为：行政方式优先、市场方式次之、司法方式最后。

（3）问题保险公司风险处置方式的选择依据为：仅存在流动性风险的问题公司救助方式为：整改、托管、维持持续经营救助；不存在系统性风险、但存在偿付能力不足风险的救助方式：整顿、并购、重组、维持持续经营救助；不存在系

统性风险、偿付能力严重不足的：撤销、解散、破产、和解、业务转让；存在系统性风险的：接管、维持持续经营救助。

二、问题保险公司维持经营救助的步骤、原则与方式

1.救助步骤

首先，流动性风险与偿付能力不足风险的识别，如果仅是流动性风险则由保险保障基金等直接救助；其次，如果问题保险公司存在偿付能力不足的风险，需要进行是否会引发系统性风险的分析，假如可能会引发系统性风险，则由保险保障基金公司协调银保监会等机构实施救济救助；再次，如果存在偿付能力不足风险但是不会引发系统性风险的公司，则要进行救助的决策分析；最后，经过风险救助决策分析，如果救助收益大于成本的，实行维持持续经营救助；经过风险救助决策分析，救助收益小于成本的，则实施破产清算等风险处置方式，进入补偿救助阶段。

2.救助原则：短期原则、及时原则、成本原则

短期原则是指对问题公司的救助是短期或临时的。及时原则为避免问题公司风险的传播与扩大，保险保障基金公司及监管机构应及时介入实施救助，救助时机越早，成本就会越低。成本原则即救助收益大于不救助的收益，或者救助的损失成本要小于不救的损失成本。

3.救助方式：抵押贷款、政府资助、资本宽限安排等

抵押贷款应该是首选的救助方式，该方式的优点在于便捷高效，以股权作为抵押又具有一定的安全性，救助主体作为债权人而不会干涉问题公司的正常经营。保险保障基金的资金规模不足以救助某些问题保险公司的资金缺口时，需要求助于政府资金资助。资本宽限安排是指保险保障基金公司协调其他监管机构对问题保险公司不能达到监管标准的资本要求给予一定的时间宽限。

三、问题保险公司通过补偿退出市场的形式

问题保险公司通过补偿退出市场的形式包括解散清算、撤销清算、破产清算。解散清算与撤销清算属于行政清算范畴，也属于非破产清算。在这两种情形中，以银保监会为代表的监管机构将发挥主导作用，对清算的决策、清算组的组成、补偿救助等重大决定起到关键作用。在破产清算程序中，人民法院居于主导地位。由于保险产品的社会性、群众性较强，以及保险公司作为金融机构的特许，建议问题保险公司的补偿退出尽量采取由中国银保监会主导的行政清算程序。

四、保险保障基金公司在补偿救助中的地位

对问题保险公司的补偿救助过程中，保险保障基金公司是清算过程中破产管理人的最佳选择；也是清算过程中的实际债权人，其应担任债权人会议主席；保险保障基金公司应为清算人或者清算组的组长；设置搭桥公司等专业性救助机构；基金公司应与其他机构在补偿救助中实现分工与协作。事先以法律形式赋予保险保障基金公司以上权力职能，将打破现行制度职权责任不明确、不透明的情况，能够提高补偿救助及清算过程的效率。

五、保险保障基金补偿救助的限额设定

基于保险保障基金的救助与补偿性质，建议设立对一家保险公司补偿的最高绝对限额，以避免基金由于某个特殊事件造成巨额补偿；建议对每个保单持有人的补偿设立最高补偿限额，以避免基金由于某个保单持有人产生过高补偿。

第八章

中外案例的比较研究

　　案例研究是通过对实践中典型素材的分析，以达到寻求解决目标问题的最佳答案。案例研究根据案例数量可分为单案例研究和多案例研究。多案例研究的特点在于它包括了两个分析阶段：案例内分析和跨案例分析。多案例研究法能使案例研究更全面、更有说服力，能提高案例研究的有效性，比如多个案例可以同时指向一个证据，或为相互的结论提供支持。本章第一节、第二节以财产保险、人身保险分类，采用双案例研究，选择中外两个典型保险公司救助的素材，经过制度比较分析，对前文各章的相关内容进行总结与思考。

第一节　ZH 财产保险公司与英国车辆通用保险公司的案例

　　本节选择 ZH 财产保险公司（ZH 财产）和英国车辆通用保险公司（Vehicle & General Insurance Company，以下简称"车辆通用保险"）为素材，进行双案例研究。这两家公司的主要险种、经营特点都很接近（两家公司的成立及发展概况具体见表 8-1），都以机动车辆保险为主，都经历过高速扩张阶段并因此留下隐患，最终都陷入了偿付能力危机。

表 8-1　ZH 财产与英国车辆通用保险的简介

项目	ZH 财产	车辆通用保险
成立年份	始创于 1986 年 7 月 15 日，是财政部、农业部最早开展农业保险试点的单位	Murr 和 Kirshaw 先生于 1961 年 1 月出资创建的，他们聘用了总经理 Hunt 先生并成为公司的董事
股权改制	2004 年 9 月 20 日，股改方案获得原保监会批准，对 ZH 财产实行"一改三"的整体改制，即成立"某保险控股股份有限公司"，控股设立"某财产保险股份有限公司"和"某人寿保险股份有限公司"两家独立法人子公司。 2006 年 9 月 6 日，经原保监会批准，同意某财产保险股份有限公司开业	1962 年，公司得到了汽车保险经纪人 Andrew 和 Booth 的新注入资本 37.5 万英镑，建立了缴清股本为 7.5 万英镑的汽车通用保险有限公司（Automobile and General） 1965 年 10 月，车辆通用保险报告贸工部，有一家公司将在第二年的 6 月认购通用的股份，使车辆通用的注册资本和任意准备金增加 100 万英镑 1968 年车辆通用保险收购了两家总市值为 370 万英镑的公司，使得其股票溢价账户达到了 480 万英镑

（续表）

项目	ZH 财产	车辆通用保险
主营业务	车辆保险为主，2008 年 ZH 财产机动车辆保险保费收入占到总保费收入的 75%	机动车辆保险
所获荣誉	2006 年被评为国家 A 级守信企业和中国保险企业消费者十大满意品牌。2007 年被评为中国最具竞争力 30 家金融机构和中国品牌 500 强	在经历了不断的业务扩张和资本注入后，车辆通用保险仅用了不到十年的时间就发展成为当时英国最大的非寿险公司之一
经营结局	2008 年实际偿付能力额度为 − 121 亿元，2008 年的资金缺口达到 147 亿元。2008 年 6 月原保监会派驻工作小组介入公司	1971 年 3 月 22 日，公司法定准备金的缺口达到 850 万英镑。随后，法院宣告破产

资料来源：保险公司官方网站及相关研究报告。

一、ZH 财产与车辆通用保险的情况简介

至 2009 年底，ZH 财产由于机构扩张过快、经营成本居高不下等原因导致巨额亏损一百多亿元。同年，新疆兵团将其所持有的 61% 的公司股权交由银保监会托管。事实上，该公司自 2003 年起偿付能力充足率从未达到监管标准的最低要求 70%，但监管机构并未及时救助或者选择其他风险处置方式于该公司①。令人遗憾的是，该公司的偿付能力资金缺口也从 2003 年底的 5 亿元逐步扩大到 2008 年底的 147 亿元。2011 年，原保监会网站公告称，中国保险保障基金公司已正式介入并控股 ZH 保险公司，持有其股票约 8.6 亿股，持股比例达 57.4%。其中，原前两大股东新疆兵团和兵团投资公司持股比例由 44.995 6% 和 20% 分别降至 5.8% 和 10%②。

二、ZH 财产与英国车辆通用保险的案例分析

1. 两家公司偿付能力不足风险的预警与识别

偿付能力是保险公司偿还债务的核心能力，国内外的保险监管都是以偿付能

---

① 按照《保险公司偿付能力额度及监管指标管理规定》(2003 年 1 号文)第十六条规定："对偿付能力充足率在 30% 到 70% 之间的公司,中国银保监会除采取前款所列措施外,还可责令该公司拍卖不良资产、责令转让保险业务、限制高级管理人员的薪酬水平和在职消费水平、限制公司的商业性广告、责令停止开展新业务以及采取中国银保监会认为必要的其他措施。"

② 万涛.保障基金接盘 ZH 保险 150 亿资本金缺口谁来填补[N].21 世纪经济报道,2011-12-27.

力为核心指标。在问题保险公司的救助实务中，偿付能力指标也是非常重要的预警指标，这一点我们可以从本案例中得以印证。

（1）英国车辆通用保险的偿付能力不足与救助。

基于图8-1保险公司的偿付能力状况，英国监管机构对存在危机的车辆通用保险可以采取的救助时机包括以下四次时间节点。

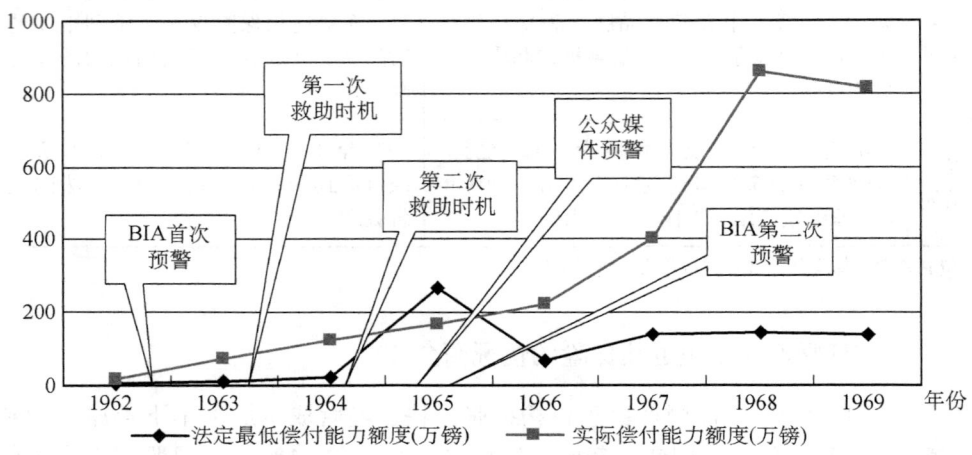

图8-1 英国车辆通用保险的偿付能力状况

第一次救助时机是在英国保险行业协会（British Insurance Association，BIA）于1962年10月4日要求当时负责管理保险业的政府部门贸工部对车辆通用进行调查后。贸工部的结论是，车辆通用保险的财务状况虽不像希望的那样良好，但还是满足法定的基本要求。所以，贸工部就没有对其采取救助或者其他风险处置措施。

第二次救助时机是在1964年9月BIA对该公司预警。当时，BIA通过引用《投资者纪事》杂志的质疑并与其他两家公司的数据进行比较，认为车辆通用的未决赔款准备金不足。贸工部根据1967年的账目分析，认为车辆通用的未决赔款准备金缺口为50到100万英镑。

第三次救助时机是在1968年9月，监管机构仍没有采取救助行动，理由是车辆通用收购新的子公司的支出看起来是合理的。后来，更多的人意识到了车辆通用的偿付能力风险，公司长期存在的未决赔款准备金问题、财务比率、对资产的疑问、保费收入猛增等等问题都说明该公司存在偿付能力不足风险，迫切需要对车辆通用进行必要的救助行动。但遗憾的是监管机构并没有采取任何救助行动。

面对第四次救助时机，监管机构还是没有采取任何措施。1970 年 7 月，《时代商业新闻》报道说，自留额在 2 500 英镑到 10 000 英镑档次的再保险遭受了重大的损失，而车辆通用将 2 500 英镑至 10 000 英镑的风险自留，也同样遭受了损失。

最终，1971 年 3 月 22 日，在法院做出了强制车辆通用停业的判决之后，车辆通用保险破产了[①]。

（2）ZH 财产的偿付能力不足风险。

从 2003 年偿付能力额度为 - 2.56 亿元的惨淡经营，至 2009 年 5 月，由地方与中央监管机构的财产险部工作人员组成的 6、7 人工作组，监管机构正式对 ZH 财产进行了接管[②]。

但是，值得思考的是救助行动为什么不是在 2003 年实施的呢？显然，监管机构是考虑了保险行业的利益、问题公司及其国有股东的利益、保单持有人的利益等，迟迟不愿公开采取监管干预行动。同时，其他监督力量也未能发挥应有的预警作用，虽然偿付能力缺口并未得到监管机构的市场披露，但是通过对保险年鉴的数据分析，还是能够计算出公司在 2003 年之后偿付能力出现的巨大缺口。由于缺乏外在监督力量的预警与约束，尤其是缺乏独立第三方机构（例如评级机构等）及时披露信息，各个监管机构的反应相应也就慢于风险的实际发生，同时还要经过并不系统的救助决策程序和步骤，最后真正实施对问题公司的救助行动上就显得更加迟缓了。图 8-2 显示了偿付能力不足风险暴露情况下，对 ZH 财产两次救助时机的错失。

2. 不同监管方式下的救助决策

目前我国的保险监管方式还是以规则导向为主，但是通过分析我们发现，规则导向监管方式存在的问题主要有：规则制订的依据是否科学？违反了规则是否能够马上得到监管干预？单一静态的规则对于保险公司的偿付能力不足风险的预警是否有效？接下来我们通过国内外的案例进行分析。

（1）规则导向监管在英国保险监管实践中的经验教训。

第一，1961—1967 年英国保险监管干预的介入标准。按照 1958 年保险法的相关规定，1961—1967 年英国对保险公司法定偿付能力资本金的监管要求是保

---

① HER MAJESTY'S STATIONERY OFFICE. Tribunal appointed to inquire into certain issues in relation to the circumstances leading up to the cessation of trading by the Vehicle and General Insurance Company Limited[R]. Course Notes of Actuarial Management A，ACST300，Macquarie University，Australia，1972.

② 黎德甫.法国安盛受困身退，保监会接管中华联合[N].21 世纪经济报道，2009-05-22.

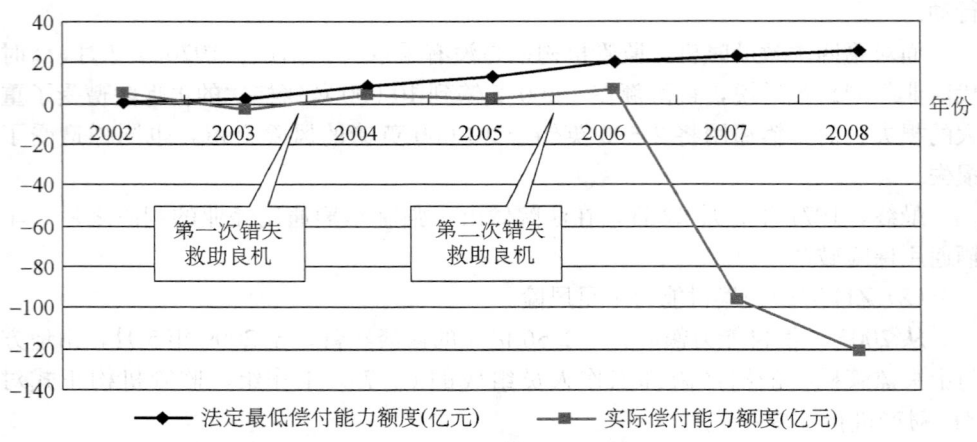

图8-2 偿付能力不足风险的预警

费收入的10%。作为英国监管主体的贸工部，根据保险法行使监管权力，如果贸工部对一家公司过去或当时的偿付能力存在疑问时，可以对其进行干预，但不能以避免未来破产的风险为依据①。从表8-2中可知贸工部在1963年7月收到了车辆通用保险1962年的账目报告，公司1962年的保费收入增加到了80万镑，最低偿付能力额度为8万镑，根据公司账户计算而得的偿付准备金为16.6万镑。除了1965年外，英国车辆通用保险的偿付能力充足率都达到了监管部门的要求，甚至还高出很多倍。

表8-2 1961—1969年英国车辆通用保险的偿付能力额度

年 度	1961	1962	1963	1964	1965	1966	1967	1968	1969
保费收入（万镑）	30	80	137	211	273	411	1 142	1 178	1 167
最低偿付能力额度（万镑）	3	8	13.7	21.1	267.3	66.1	139	143	142
实际偿付能力额度（万镑）	—	16.6	73	122	167	221	401	858	816
偿付能力充足率		208%	533%	578%	62%	334%	288%	600%	575%

资料来源：POLLARD. Insurance regulation：a public trust[C]. Senior management executive seminar in Singapore，1997：12-15.

第二，1967—1973年英国保险业监管干预的介入标准。英国监管机构在1967年修改过保险法，修改后的保险法不仅提高了保险人偿付准备金的标准，

---

① 谢志刚，王上文.我国非寿险公司最低持续资本要求的比较[J].保险研究，2007(8).

而且大大加强了监管者的权力。从表 8-2 的数据我们可以看到，直到英国通用车辆保险破产前，其账面偿付金额还是远远大于法定最低偿付金额。贸工部根据 1967 年的账目分析，认为车辆通用保险的未决赔款准备金缺口约为 50 万到 100 万英镑。最终贸工部还是没有采取措施，因为车辆通用保险收购新的子公司的支出看起来是合理的。因此，贸工部仍然没有采取措施。所以，以规则导向监管为原则，仅靠法定偿付能力额度等账面指标来监管保险公司，其效果并不理想。

（2）规则导向监管方式在 ZH 保险公司案例中的失灵。

我国保险业规定了最低偿付能力监管行动介入标准。原保监会在 2000 年《保险公司管理规定》和 2003 年发布的 1 号文中对 MCR 的计算做出了如下规定：财产保险公司应具备的最低偿付能力额度为下述两项中数额较大的一项：①最近会计年度公司自留保费减税金及附加后 1 亿元人民币以下部分的 18% 和 1 亿元人民币以上部分的 16%；②公司最近 3 年平均综合赔款金额 7 000 万元以下部分的 26% 和 7 000 万元以上部分的 23%。根据以上规定和《中国保险年鉴》的相关数据计算 ZH 财产的偿付能力情况见表 8-3。

表 8-3　2002—2009 年 ZH 财产的偿付能力情况

年　度	2002	2003	2004	2005	2006	2007	2008	2009
保费收入（亿元）	6.3	19.1	65.5	105	150.6	183.1	191.2	194.4
最低偿付能力额度（亿元）	0.86	2.53	8.79	13.52	19.89	22.58	26.08	29.3
实际偿付能力额度（亿元）	4.8	−2.56	3.8	2.72	7.24	−95.71	−121.3	−138.2
偿付能力充足率	558%	−101%	43%	20%	36%	−424%	−465%	−472%

资料来源：2002—2009 年《中国保险年鉴》. 中国保险年鉴编辑部.

从表 8-3 的数据我们看到，自 2003 年起 ZH 财产的偿付能力充足率就达不到原保监会的相关规定，甚至在 2003 年实际偿付能力额度为负值，令人费解的是各个监管机构并未实施任何监管行动，该公司依然正常运营至今，但是其偿付能力资金缺口在不断扩大，直到 2009 年 5 月原保监会对其实施了接管。

从中英两国的案例研究来看，规则导向监管方式下的监管干预行动都不是很成功。其主要原因在于规则导向监管注重静态的账面指标，这些单一的财务指标（如偿付能力充足率等）很容易被保险公司通过财务手段蒙混过关，而监管机构根据法定规则也无法实施干预和救助行动，最终造成公司资金缺口过大，甚至导致公司破产。因而，近年来有些学者提出了原则导向监管方式，但是，在目前我国保险监管实践情况下，仅依赖原则导向监管方式还是难以成功的。因为从上面的案例研究可以看出，我国规则导向监管下的干预失灵，不是规则本身科学合理与否，而是"有法不依、有规不依"的问题。

3. 救助主体与其他机构的分工协作关系

问题保险公司救助决策的效率提高还需要其他机构发挥重要作用。其他机构是指保险行业协会、新闻公众媒体、其他保险公司等，它们可以及时预警提醒救助决策者出现偿付能力不足风险的保险公司，督促救助主体及时采取调查核实行动，缩短救助决策行动的时间。

（1）其他机构在英国保险监管实务中的重要作用。

第一，英国保险行业协会的预警。在本案例中，BIA 是最早注意到车辆通用的业务扩张和资产质量问题的机构。BIA 于 1962 年 10 月 4 日要求当时负责管理保险业的政府部门贸工部对车辆通用公司进行调查。1964 年 9 月，BIA 再次致信贸工部，通过引用《投资者纪事》杂志的质疑并与其他两家公司的数据进行比较，认为车辆通用保险的未决赔款准备金不足。BIA 的监督作用体现在对英国贸工部监管干预行动的提醒与督促，贸工部的监管干预行动往往是在 BIA 要求下实施的。

第二，公众媒体的预警。本案例中，共有两家媒体（《投资者纪事》和《时代商业新闻》）对车辆通用保险的财务问题进行曝光。1964 年 8 月，《投资者纪事》有文章对车辆通用保险的 1963 年账目作了分析，并提出四点质疑。1970 年 7 月，《时代商业新闻》报道说，自留额在 2 500 英镑到 10 000 英镑档次的再保险遭受了重大的损失，车辆通用保险将 2 500 英镑至 10 000 英镑的风险自留，同样也遭到了损失。

从以上分析可以看出，在问题保险公司的救助过程中其他机构发挥了重要作用，保险行业协会发现保险公司有问题时就会及时告知、要求监管机构进行调查，而公共媒体也会对公司的财务状况进行分析并提出质疑，以此引起监管机构的注意和采取干预行动。因此，保险公司对监管机构、行业协会、股东和投保人如何披露信息是非常关键的，信息披露作为"偿二代"建设的重要内容也就不难理解了。车辆通用保险案例中强调了监管机构对保险人的信息披露的要求。法律确实赋予了监管机构可以要求保险公司提供信息的权力，但保险公司有时也会以种种理由进行拖延。

（2）我国保险监管实务中其他机构的功能缺失。

与英国通用车辆保险对比分析，很容易发现在 ZH 财产从 2003 年陷入偿付能力危机甚至偿付能力为负值的情况下，我们几乎很难看到保险行业协会与公众媒体的监督、预警作用，监管机构也没有采取相应的救助措施。在失去救助措施与预警之后，ZH 财产的偿付能力资金缺口持续扩大至 2008 年底的 100 多亿元。所以，与英国的保险监管实务比较，我国保险监管需要完善的地方还有很多，尤其是第三方独立机构对保险公司的监督和预警作用，以及如何完善自身的救助程序和步骤、建立科学有效的偿付能力不足风险的预警体系。

三、案例结论

（1）救助及时性原则值得重视。由于没能得到及时的维持持续经营救助，造成 ZH 财产资金缺口扩大了 100 多亿元人民币，本来可以较小成本解决的问题却付出了巨大代价；而英国的车辆通用保险则导致直接破产，造成各个层面的经济损失。而此后无论我国滞后的维持持续经营救助（如接管）或是英国的补偿救助，都将花费数倍于持续经营救助的成本。

（2）对问题保险公司偿付能力不足风险的预警识别，使得保险保障基金公司等机构能够提前介入，从而降低救助成本。本案例中，ZH 财产的偿付能力不足风险迟迟得不到预警，最终造成巨大的资金缺口，为以后的救助带来很大困难。

（3）持续经营救助的实施应建立在正确决策分析的基础上。案例中两家公司主营业务质量低下，其风险属性不是简单的流动性风险，属于经营风险或业务风险，而且资金缺口极大（超过 150 亿元人民币），在这种风险性质条件下，维持持续经营救助已不是最佳决策，直接市场退出清算也许是最优选择。

（4）财产保险公司重大风险识别预警的重要指标是：过高的保费增长率。本案例中的两家公司过于追求保费增长和规模扩张，而忽视了保单质量和成本，最终造成重大风险、甚至破产。当然，问题保险公司不计成本追求高规费的保费，也说明了自身对资金的渴求程度，说明了公司内部管理者也意识到了自身的财务危机。

（5）不同的监管理念和监管方式对于问题保险公司的风险识别、预警有着直接影响，规则导向监管方式利于对问题公司的风险识别预警，而原则导向监管方式则不利于对问题公司的风险及时识别预警与监控。

（6）确立保险保障基金公司等机构为常设的问题保险公司救助主体是非常有必要的。案例中正是因为缺乏这样的救助主体，而银保监会等监管机构又往往具有较高的监管容忍度，导致救助决策和救助行动的迟缓，错失最佳的救助时机，导致危机公司资本缺口加大，最终的救助成本和难度也随之增加。

第二节 XH 保险与美国国际集团的案例

一、XH 保险与美国国际集团的案例简介

1. XH 保险的案例简介

XH 人寿保险股份有限公司（简称"XH 保险"）成立于 1996 年 9 月，是一家大型寿险企业。2011 年，XH 保险在中国香港联交所和上海证券交易所同步上市。XH 保险前任董事长关国亮利用职务之便，挪用 XH 保险资金总额约 130 亿元，至 2006 年 10 月，仍有 26 亿元的资金窟窿。2007 年 5 月 29 日，保险保障基金购买海南格林岛等 3 家股东所持 XH 保险共 2.7 亿股份，用以填补 XH 保险被挪资金的窟窿。之后又通过购买其他股东的股权，最终保险保障基金公司持有 XH 保险 4.6 亿股，持股比例达到 38.815%，花费资金累计约 27 亿。2009 年，保障基金公司最终以每股 8.71 元的价格（总价约 40 亿元）全部转让给汇金公司，获得约 12.7 亿元的溢价[①]。

2. 美国国际集团的案例简介

美国国际集团（American International Group，以下简称 AIG）的前身是 1919 年史带（Starr）在上海成立一家保险代理公司——美亚保险。美国联邦储备委员会于 2008 年 9 月 16 日晚宣布，已授权纽约联邦储备银行向陷于破产边缘的 AIG 提供 850 亿美元紧急贷款。AIG 受信贷违约掉期等业务损失惨重的拖累，截至 2008 年 6 月底，AIG 信贷违约掉期业务累计亏损已高达 250 亿美元，在其他业务上的亏损也累计达到 150 亿美元；9 月 15 日，AIG 被下调信用评级，不得不交出 145 亿美元的抵押品，从而触发流动性危机。美联储称，在美国财政部的全力支持下，遵照《联邦储备法》第 13 条第三款，授权纽约联邦储备银行向 AIG 发放贷款。贷款窗口的有效期为 24 个月，利率为 3 月期 Libor 利率再加 850 个基点。为保障纳税人的利益不受损害，贷款将以 AIG 的全部资产为抵押。作为提供贷款的条件，美国政府将持有 AIG 的 79.9% 股份，并有权否决普通和优先股股东的派息收益[②]。

基于表 8-4，在 2007—2008 年，AIG 的投资收入下降 57%，净收入、资产变动净额变为负值，且亏损缺口增大。保险业务在整个危机期间保持健康发展、资本充足，准备金负债由充足的资产保证，保单持有人的偿付义务得到保护。虽

---

① 李隽琼.保监会:16 亿填新华人寿 26 亿元资金窟窿[N].北京晨报,2007-05-30.

② 孙晓辉,孙晓霞.美联储 850 亿美元接管 AIG 贷款主要偿还到期债务[N].证券时报,2008-09-18.

然偿付能力充足，但由于信用评级降低，短期内需要增加担保品和现金，AIG面临紧急的流动性危机。

表 8-4　美国国际集团的财务状况表　　　　单位：百万美元

年　度	2004	2005	2006	2007	2008	2009	2010
保险业务收入	66 704	70 310	74 213	79 302	83 505	64 702	48 029
投资收入净额	19 007	22 584	26 070	28 619	12 222	25 239	20 930
净收入	9 839	10 477	14 048	6 200	− 99 289	− 12 313	10 013
资产变动净额	44	341	106	− 3 592	− 55 484	− 7 008	− 1 712
次级债市场净值变动	0	0	0	− 11 472	− 28 602	1 418	598
业务及管理费	16 049	17 773	19 413	20 396	27 565	20 674	15 820
负债总额	721 135	766 545	877 542	952 560	807 708	748 550	569 770
资产总额	801 007	853 048	979 410	1 048 361	860 418	847 585	683 443

注：数据来自 2008，2009，2010 Annual Report. American International Group，Inc.www.aig.com.

二、XH 保险与 AIG 的案例分析

1. 风险识别

风险识别包括两个阶段：风险辨识与风险分析，前者是指找出各种风险及其存在领域，后者是指分析引起风险的原因和可能后果。XH 保险资金短缺是因为前任董事长关国亮利用职务之便，挪用 XH 保险资金总额约 130 亿元，属于操作风险与责任风险，导致结果就是偿付能力不足。AIG 则是因为信贷违约掉期业务累计亏损高达 250 亿美元，在其他业务上的亏损也累计达到 150 亿美元，三大信用评级机构一致宣布下调 AIG 评级，属于投资风险与市场风险，导致结果就是流动性不足风险。

2. 风险评估

风险评估以损失概率和损失程度为主要测算指标，并据以确定风险的大小或高低。XH 保险尽管至 2006 年 10 月仍有 26 亿元的资金窟窿，但 2006 年的总保费收入达 266.57 亿元，同比增长 26.47%，所以主营业务依然健康，其风险性质属于流动性不足风险，适于资金注入、自主型的持续经营救助方式。AIG 的保险主业经营也在正常盈利范围，风险性质属于投资风险导致的流动性不足风险，也适于资金注入性质、自主型的持续经营救助方式。

3. 施救主体与救助方式

这两种方式都属于自主型的持续经营救助，但是救助主体和方式不同。XH 保险的救助是保险保障基金公司购买股权方式，AIG 则是美联储在美国财政部的支持下，遵照《联邦储备法》第 13 条第三款，授权纽约联邦储备银行向 AIG 发放以 79.9% 股份为抵押的贷款方式。因此，保险保障基金公司一度成为 XH 保险的最大股东，对于其他还要缴纳基金的保险公司而言，不利于行业的公平竞争，这也引发了理论界的争议。而纽约联邦储备银行对 AIG 的抵押贷款方式就不存在不公平竞争的非议，纽约联邦储备银行只是债权人，而不是股权人，不会干涉公司的日常经营活动。经过比较分析发现，美国美联储对 AIG 救助方式优于保险保障基金公司对 XH 保险的救助方式。

4. 救助结果

XH 保险恢复正常经营至今，并在 A 股和 H 股发行股票上市，目前总资产规模超人民币 7 339.29 亿元，原保险保费收入 1 222.86 亿元，而保险保障基金公司也获得股权投资的不菲收益；AIG 也暂时渡过了破产危机，并持续稳健经营至今，至 2018 全年保费收入约 306 亿美元，总资产约 4 920 亿美元，2019《财富》世界 500 强位列 235 位。

XH 保险与 AIG 的救助情况汇总详见表 8-5。

表 8-5 XH 保险公司与 AIG 的救助情况

救助对象	救助方式	救助内容	救助方式	救助结果
XH 保险	自主型经营的持续经营救助	保险保障基金公司购买海南格林岛等 3 家股东所持 XH 保险共 2.7 亿股份，后又通过购买其他股东股份，最终保险保障基金公司持 XH 保险 4.6 亿股，持股比例达到 38.815%，花费资金累计约 27 亿	购买股权成为最大股东	恢复正常经营
AIG	自主型经营的持续经营救助	纽约联邦储备银行向陷于破产边缘的 AIG 提供紧急贷款 850 亿美元，作为提供贷款的条件，美国政府将持有 AIG 79.9% 的股份	股权抵押贷款	恢复正常经营

三、案例结论

（1）保险保障基金公司的持续经营救助职能是很重要的，这已得到 XH 保险与 AIG 案例的证明。成功的维持持续经营救助能够使成本最低，也使社会负担和负面影响降至最低，如果 XH 保险或者 AIG 没能得到维持持续经营救助而导致破产，其带来的补偿成本和社会成本显然要大很多。AIG 得到大多数的政府救助都支付给了其他交易方银行，联邦政府的干预主要是受到要保护那些交易方银行的愿望影响。创立一个系统性风险的监管者以及扩展联邦政府对陷入财务危机保险公司等的救助权利，能够从风险行为中保护更多金融机构、投资者、消费者（Harrington，2009）①。

（2）从保险保障基金公司的角度来对比两种救助措施：抵押贷款救助方式要优于购买股权方式。假设后来没有其他投资者愿意购买 XH 保险的股权，那么保险保障基金公司就将因此陷入困境。这是因为保险保障基金公司应该是独立于保险公司的救助机构或监管机构，若其持有其他保险公司的股权并成为大股东，这对行业内的其他公司是不公平的。

（3）问题保险公司的风险评估对于救助决策非常重要。案例中两家公司的主营业务都没有问题，都是由于投资、后者资金被挪用等造成流动性不足风险，保险业务其实是在正常经营的。符合文中所指持续经营救助的条件，因此及时实施救助便是最佳决策，最终结果也确实是帮助两家公司渡过了危机，并恢复持续经营至今。

（4）问题保险公司如果存在引发系统性风险等重大风险的可能性，保险保障基金公司就需联合其他监管机构实施及时救助。美国美联储委员会授权纽约联邦储备银行对于 AIG 的注资救助行动就是最好的例子。同时，对于系统性风险等重大风险的救助已超过保险保障基金公司的能力范围，还需要其他监管机构、甚至政府参与救助，才能将潜在的重大风险及其损失控制在一定的范围之内。

---

① HARRINGTON S E. The financial crisis, system risk, and the future of insurance regulation[J]. Journal of Risk and Insurance, 2009,76(4):785.

第九章

主要结论、创新点与不足之处

本书以救助问题保险公司为总的研究目标，重点从理论和实务两个方面进行探讨，并综合所得结论以形成高效、完善的救助机制。问题保险公司救助机制的主要内容包括：法律法规体系、监管制度环境、问题保险公司重大风险识别与评估、救助决策分析理论框架、救助的实务框架及内容等。

第一节　问题保险公司救助理论分析框架的相关结论

在风险决策分析理论框架下研究问题保险公司的救助问题，得出的结论涉及问题保险公司救助的决策者与决策目标、问题保险公司重大风险的识别与评估、救助决策分析的决策树方法及其实证研究等方面。

一、关于问题保险公司救助的决策者与决策目标的结论

究竟是谁来担任救助问题保险公司的决策者，一般认为是银保监会、财政部、各级政府等，但这会存在一些弊端，比如会对问题保险公司形成过高的监管容忍度（马海峰、谢志刚，2011）、需要建立一个救助的常设机构而导致资源浪费、存在滥用保险保障基金的可能性等。如果保险保障基金公司成为救助的第一顺位决策者，不仅能够克服上述弊端，而且还能够与银保监会等监管机构形成有效的分工协调与权力制衡（Kahn 等，2005）。

问题保险公司救助的决策目标是与保险业的监管目标一致，总体目标是"要维护一个有效、公平、安全和稳定的保险市场，保护保单持有人的利益不受侵害"，现实目标是防范保险公司出现"重大风险"并导致"严重危及社会公共利益和金融稳定"。因此，保险保障基金公司作为重要决策者，需要评估问题保险公司的风险状况和风险属性，权衡"救助"和"不救"策略及后果，以最有效和最经济的方式实现决策目标。决策目标的选择还要参考外部的决策环境，在经济衰退周期，尽量采用维持持续经营的救助方式，避免问题保险公司的市场退出；在经济繁荣时期，可在风险评估的基础上，进行持续经营救助或是市场退出补偿救助的选择。

二、关于问题保险公司偿付能力不足风险识别的结论

研究采用了三种实证方法的不同组合对问题保险公司偿付能力不足风险进行识别和预警指标的构建。预警指标主要有：净保费的增长率、毛保费的增长率、净保费/所有者权益、营业利润/已赚保费、投资收益/认可资产、机动车辆保险产品保费收入/净保费、可供出售金融资产/认可资产、（未决赔款准备金＋未到期责任准备金）/净保费。

综合来看，财产保险公司偿付能力不足风险预警识别的指标按照显著性依次是：毛保费的增长率（或净保费的增长率）、净保费/所有者权益、机动车辆保险产品保费收入/净保费、营业利润/已赚保费这四个指标。在保险公司重大风险的监控工作中，可重点关注以上指标的变化及其反映的潜在风险。

三、关于问题保险公司是否引发系统性风险评估的结论

评估问题保险公司是否会引发系统性风险的分析思路：首先，如果影响问题保险公司的风险来自外部环境，那么其他保险公司也可能面临同样的威胁，这样的风险就可能形成系统性风险。其次，问题保险公司的自身规模与重要性，单个规模大或者地位重要的公司的破产等也往往引发系统性风险。再次，问题保险公司与其他公司之间联接的紧密程度，即风险传染性的大小。最后，问题保险公司对于参照系统是否具有不可替代性，如果具有较高的不可替代性，则其破产等将导致该系统机制不健全而发生紊乱风险，即引发系统性风险。

本书利用多元判别分析法，构建问题保险公司可能引发系统性风险的预警指标体系。影响因子具体包括：规模因子、传染因子、趋同因子、承保周期因子、外部环境因子、监管因子、再保险因子与巨灾因子等。建立系统性风险评估的 Z 值判别式，并根据 Z 值的大小进行风险评估，如果 Z 值接近于 1 则意味着发生系统性风险可能性大，如果 Z 值接近于 0 则发生系统性风险的可能性小。

实务中，对系统性风险的评估还可应用经验法——专家咨询决策法。评估的专家构成可以从高校、保险公司、行业协会、银保监会、财政部等机构进行抽调选拔，组成一个临时性机构，危机事件评估结束就解散。在确定参照系统的基础上，由专家咨询团结合自身经验和专业判断，并结合前文指标法得出的 Z 值判别式及指标因子，对问题保险公司是否引发系统性风险进行评估，为是否救助问题公司的决策活动提供重要参考依据。

四、关于问题保险公司救助风险决策分析的结论

（1）问题保险公司救助的决策树分析。对问题保险公司的救助，是一个在不确定条件下、多阶段的风险决策问题。因此，必须结合我国保险业实际，分析影响决策者的内在偏好和外部不确定性的各种因素。本书以保险保障基金公司为决策者，采用决策树方法进行分析，基于救助程序、风险属性、救助方式等内容构建决策树的节点、分枝与行动策略。

（2）问题保险公司救助的风险决策理论的分析框架，可具体表述为：

$$\text{"救助"} \geqslant \text{"不救"} \Leftrightarrow EU(\text{救助}) \geqslant EU(\text{不救})$$

其中，EU 表示期望效用，即"救助"和"不救"分别导致的各种可能结果

的效用及其对应概率大小。照此模型，选择救助或不救的关键，是要分析这两项决策所对应的各种可能后果，这些后果对于决策者（即保险保障基金公司）的意义、价值以及发生这种后果的可能性大小。

如果决策者选择"救助"，必然会发生一定的救助成本，救助行动所导致的后果有两种：①救助成功即维持持续经营状态；②救助失败则破产清算等退出市场。保险保障基金公司之所以要救助一家问题保险公司，是因为救助的期望效用大于不救的期望效用。

如果决策者选择"不救"，所导致的直接后果是以下两种：①较好结果：公司被监管机构接管后，经过整顿，并通过将部分业务转让给其他公司等措施后，公司得以恢复正常营业，既保护了保单持有人利益又避免损失保险保障基金。②较差结果：公司被接管后，关键职员陆续离职，股东不愿或无法追加资本金，转让业务的折价部分却不得不由保险保障基金进行补贴，既动用了保险保障基金，最后还是没能救活公司，而且，该公司的破产清算还可能危及其他金融机构。

（3）通过决策树算法对数据指标进行实证分析，依据其对救助决策的影响程度而自动生成不同的决策节点，并因此建立决策树。选择决策树算法的经典方法——ID3 算法，通过对毛保费的增长率、营业利润/已赚保费、可供出售金融资产/认可资产三个财务指标的分析，尝试建立问题保险公司救助分析的决策树。实证结果说明，利用 ID3 算法得出的指标——可供出售金融资产/认可资产，应用于图 6-1 的第一节点是非常合适的，另外两个指标应用于第二、第四节点也具有一定解释能力。

（4）通过对救助决策树救助方式节点的成本收益模型计算，如果仅考虑经济成本因素，假设一家问题保险公司的亏损不是很大，保险保障基金公司等机构救助它将会是一个非常好的投资，救助行动将会获得较好回报。这里所指亏损的上限为：$T < V(MCR，MCR) - MCR$；如果亏损超过这个上限：$T \geqslant V(MCR，MCR) - MCR$，那么股东将会接受公司破产的结果，放弃救助而进入破产等清算程序。实际上，只要问题保险公司的亏损额度在 $(V - MCR)$ 之内，救助的收益就大于救助成本。

第二节　问题保险公司救助实务框架的相关结论

一、关于问题保险公司救助法律体系的结论

（1）适时出台针对性强的救助专项法规，类似美国的"问题资产救助计划"，

如《问题保险公司救助条例（或管理办法）》等。

（2）以法规形式确定救助、并购、重组为问题保险公司风险处置的三种重要方式，尤其是救助方式的性质、意义应得到更广泛认可。

（3）现有法规中的各种风险处置方式按持续经营与否分为两类：持续经营型与市场退出型，前者包括：接管、托管、和解、整顿、整改、重整、业务转让，后者包括：解散、破产、撤销三种清算过程。按照发起人不同分为三类：市场方式、行政方式、司法方式，选择顺序应为：行政方式优先、市场方式次之、司法方式最后。

（4）风险处置方式的选择依据。

第一，仅存在流动性风险的问题保险公司，此类公司只是缺乏流动性资金，而主营业务、投资业务等正常，对其注入流动性资金往往可以帮助其渡过危机，持续经营救助的收益大于成本，相应的风险处置方式为：整改、托管、持续经营救助。

第二，对不存在系统性风险、但存在偿付能力不足的问题保险公司，通过计算资产负债等财务指标，进行救助决策分析，如果救助收益大于救助成本，则实施救助，否则放弃救助使其退出市场。对应的风险处置方式为：整顿、并购、重组、持续经营救助。

第三，对不存在系统性风险、偿付能力严重不足的问题保险公司，经过资产负债情况等财务分析，如果维持持续经营的救助收益小于救助成本，则放弃救助，对应的风险处置方式为：撤销、解散、破产、和解、保险业务转让。

第四，对存在系统性风险的问题保险公司，不实施必要的风险处置方式必将导致风险的传染与扩散，危及整个行业的稳定与发展，因此持续经营的救助收益大于救助成本，对应的风险处置方式为：接管、持续经营救助。

二、关于监管环境的结论

（1）不同的监管方式将会影响到问题保险公司救助的决策程序和实施步骤。因为在原则导向方式下，监管者只是在原则上给予方向性指导，会造成对于问题保险公司风险识别、预警的延误，失去对其进行及时救助的最佳时机。原则导向监管方式对于保险公司自身的素质有较高要求，但目前行业状况与此目标还有差距，所以，站在救助问题保险公司的视角，规则导向监管方式依然有着重要的现实意义，不能轻易放弃。

（2）保险保障基金公司与其他监管机构的关系定位包括三个方面：首先，它需要服从三个上级主管机构（银保监会、财政部、中国人民银行）的监管，并负有向其汇报行业风险情况和提出处置建议的义务。其次，保险保障基金公司向保险公司收取基金费用并监测其是否存在重大风险，以及履行对问题保险公司实施救助的职责。最后，保险保障基金公司对于保单持有人起到救助和保障的作用。

三、构建救助实务框架的结论

1．救助步骤

首先是流动性风险与偿付能力不足风险的识别，如果仅是流动性风险则由保险保障基金公司等直接救助；其次，如果问题保险公司存在偿付能力不足的风险，需要进行是否会引发系统性风险的分析，假如可能会引发系统性风险，则由保险保障基金公司协调银保监会等机构实施救济救助；最后，如果是存在偿付能力不足风险但是不会引发系统性风险的公司，则要进行救助的决策分析：如果救助收益大于成本的，实行维持持续经营救助；如果救助收益小于成本的，则实施破产清算等风险处置方式，进入补偿救助阶段。

2．救助原则

救助原则包括短期原则、及时原则、成本原则。短期原则是指对问题公司的救助是短期或临时的。及时原则为避免问题公司风险的传播与扩大，保险保障基金公司及监管机构应及时介入实施救助，救助时机越早，成本就会越低。成本原则即救助收益大于不救助的收益，或者救助的损失成本要小于不救的损失成本。

3．救助方式

救助方式包括抵押贷款、政府资助、资本宽限安排、协助保单业务转让等。抵押贷款应该是首选的救助方式，该方式的优点在于便捷高效，以股权作为抵押又具有一定的安全性，救助主体作为债权人而不会干涉问题公司的正常经营。保险保障基金公司的资金规模不足以救助某些问题保险公司的资金缺口时，需要求助于政府资金的资助。资本宽限安排是指保险保障基金公司协调其他监管机构对问题保险公司不能达到监管标准的资本要求给予一定的时间宽限。

4．市场退出形式

问题保险公司退出市场的形式有：解散清算、撤销清算、破产清算。解散清算与撤销清算属于行政清算范畴，也属于非破产清算。在这两种情形中，以银保监会为代表的监管机构将发挥主导作用，对清算的决策、清算组的组成、补偿救助等重大决定起到关键作用。在破产清算程序中，人民法院居于主导地位。由于保险产品的社会性、群众性较强，以及保险公司作为金融机构的特许，建议问题保险公司的补偿退出尽量采取由中国银保监会主导的行政清算程序。

5．补偿救助的限额

基于保险保障基金的救助与补偿性质，建议设立对一家保险公司补偿的最高绝对限额，以避免基金由于某个特殊事件造成巨额补偿；建议对每个保单持有人的补偿设立最高补偿限额，以避免基金由于某个保单持有人产生过高补偿。

第三节 保险保障基金制度方面的结论

保险保障基金公司是问题保险公司救助的决策主体。作为银保监会监管下的一个法人公司，除负责基金的筹集、管理和运作外，还承担着监测和参与处置保险业重大风险的监管职责。为了实现这一目标，有必要通过法规程序，赋予保险保障基金公司必要的监管权力，将其逐步定位为一个"半企业、半监管机构"的机构，既在银保监会的领导之下，又形成一种职能互补关系，并成为我国金融监管协调机制中的一条纽带。为了实现这一目标，可考虑以下研究建议：

（1）准备调整现行由银保监会、财政部和中国人民银行共同制定的《保险保障基金管理办法》，明确赋予保险保障基金公司一定的监管权，包括监督检查权和重大风险处置权。

（2）监督检查权包括向被其他金融监管机构、行业协会、职业组织、咨询机构索取或购买特点资料和技术咨询的权力；以及有权向被监管保险机构行使非例行的调查手段，比如行使类似于保险监管的现场检查等方式的权力。

（3）对重大风险的处置权包括直接参与型和间接参与型两种，直接参与型的有：托管、接管、解散、撤销与整顿；间接参与型的有：限期改正、整改、重整、宣告破产及清算过程。

（4）保险保障基金公司为了有效行使监管权，防止权力被滥用，还有大量基础工作要做，包括预警、识别问题保险公司重大风险的监管职能，真正落实与银保监会的监管信息共享机制、对问题公司的监控和协调救助机制，逐步形成一套针对问题公司的救助机制。

第四节 创新点与不足之处

一、创新点

（1）在风险决策分析的理论基础上，建立问题保险公司救助的研究框架。应用决策树方法对问题保险公司进行救助的风险决策分析；并借助 ID3 算法对决策树的生成进行实证研究；建立模型对救助状态节点的结果进行成本收益计算。这些内容在其他的同类研究中还比较鲜见，这属于理论应用和研究方法上的创新。

（2）以财产保险公司为例，构建问题保险公司可能引发系统性风险的预警指标体系。影响因子具体包括：规模因子、传染因子、趋同因子、承保周期因子、外部环境因子、监管因子、再保险因子与巨灾因子等。建立系统性风险评估的 Z 值判别式，并根据 Z 值的大小进行风险评估，如果 Z 值接近于 1 则意味着发生系统性风险的可能性大，如果 Z 值接近于 0 则发生系统性风险的可能性小。

（3）在重点分析法律体系与监管环境的前提下，建立问题保险公司救助的实务框架，明确落实救助的程序步骤、原则方式等具体内容。全面总结梳理危机保险风险处置的相关法律法规，总结各种风险处置方式并指定选择依据，勾画风险处置的"全景图"。并提出完善我国问题保险公司救助法律体系的政策建议：出台针对性强的专项法规；明确司法权与监管权在市场退出中的边界，以法律形式尽快出台重要风险处置方式，如救助、重组、并购等。

（4）保险保障基金制度建设上的一些创新论点。重点探讨拓展保险保障基金公司持续经营救助的重要职能（现行管理办法并不认为这是其主要职能），并提出政策建议：配置基金公司相应的监管权、处置权，明确持续经营救助职能，以及充当破产管理人、清算负责人等项权利；成立一家以上专门处理保险公司市场退出的搭桥公司，以协助保险保障基金公司实现救助职能。

二、不足之处

（1）研究数据主要选自各年《中国保险年鉴》以及银保监会、国研网等渠道，保险公司实际经营的一些关键性数据难以获得，这将导致实证效果欠佳，以及预警指标体系的准确性不足。

（2）至今我国还没有一家保险公司真正实现破产等清算程序，对补偿救助环节的分析更多是理论上的推理与国外经验的总结，还缺乏我国保险业实践的检验。

（3）我国保险行业至今未发生过系统性风险，所以对系统性风险的预警指标也是缺乏实际数据用于实证分析，仅限于数值分析，预警指标存在误差的可能性较大。随着今后相关数据的积累与完善，本书实证研究的准确性将会得到提高。

参 考 文 献

英文参考文献

[1] ALTMAN EDWARD I. Financial ratios, discriminant analysis and the prediction of bankruptcy[J]. The Journal of Finance, 1968 (09): 589-609.

[2] BARNIV, et al. The merger or insolvency alternative in the insurance industry[J]. The Journal of Risk and Insurance, 1997, 64 (1): 89-113.

[3] BENJAMIN Y KTAI, LAWRENCE S T TAI. A multivariate statistical analysis of the characteristics of problem firms in Hongkong[J]. Asia Pacific Journal of Management, 1986: 121-127.

[4] BORCH K. A utility function derived from a survival game[J]. Management Science, Series B, 1996, 12: 287-295.

[5] BOYD, JOHN H, CHUN CHANG, BRUCE D S. Deposit insurance and bank regulation in a monetary economy: a general equilibrium exposition[J]. Economic Theory, 2004, 24: 741-767.

[6] BOYD, JOHN H, CHUN CHANG, BRUCE D S. Deposit insurance and bank regulation in a monetary economy: a general equilibrium exposition[J]. Economic Theory, 2004: 741-767.

[7] BREITENFELLNER, WAGNER. Government intervention in response to the subprime financial crisis: the good into the pot, the bad into the crop[J]. International Review of Financial Analysis, 2010.

[8] CBO. Report on the troubled asset relief program[R]. CBO, November 2010.

[9] CHARLES M K, et al. Allocating bank regulatory powers: lender of last resort, deposit insurance and supervision[J]. European Economic Review. 2005, 49: 2107-2136.

[10] DE ANGELIS P, GISMONDI F, OTTAVIANI R. A non-parametric statistical model for the control of Italian insurance companies. Rivista di Matematica per le Scienze Economiche e Sociali, 1994: 69-84.

[11] DENEBERG. Is 'a-plus' really a passing grade[J]. Journal of Risk and Insurance, 1967, 34 (3): 371-384.

[12] DIMITRIOS B, MARK F, ANDREW W L, STAVROS V. The office of financial research of U. S. department of the treasury, a survey of systemic risk analytics[C]. January 5, 2012.

[13] EFRAIM TURBAN. Expert systems-based robot technology[J]. Expert Systems, 1990, 07 (02): 102-110.

［14］ERIC DASH. U. S. said to be using loose rules in bank aid［N］. The New York Times，2008-10-31.

［15］FSA. Principles-based regulation：focusing on outcomes that matter［R］. FSA，Apr 2007.

［16］FSB，IMF，BIS. Guidance to assess the systemic importance of financial institutions，markets and instruments：initial considerations［C］. FSB，2009.

［17］GASBARRO D，SADGUNA I G M B，ZUMWALT J K. The changing relationship between camel ratings and bank soundness during the indonesian banking crisis［J］. Review of Quantitative Finance and Accounting，2002，19（3）：247-260.

［18］GENEVA ASSOCIATION. Insurance and resolution in light of the systemic risk debate：A contribution to the financial stability discussion in insurance［R］. Geneva，February 2012.

［19］GENEVA ASSOCIATION. Risk and insurance economics，systemic risk in insurance：An analysis of insurance and financial stability［R］. Geneva Association，March 2010.

［20］IAIS. Insurance core principles and methodology：IAIS public report［R］. IAIS，October 2003.

［21］IAIS. Position statement on key financial stability issues［R］. IAIS. June 2010.

［22］KAHN C M，SANTOS J A C. Allocating bank regulatory powers：lender of last resort，deposit insurance and supervision［J］. European Economic Review，2005，49（8）：2107-2136.

［23］KAUFMAN G G. Bank failures，systemic risk，and bank regulation［J］. Cato Journal，1996.

［24］KLEIN R W. Insurance regulation in transition［J］. The Journal of Risk and Insurance，1995，62（3）：363-404.

［25］KLEIN，ROBERT W. Insurance regulation in transition［J］. The Journal of Risk and Insurance，1995，62（3）：363-404.

［26］KUEN-CHOR KWAN，JULIA TAN. Credit scoring for commercial loans：the case of Singapore［J］. Asia Pacific Journal of Management，1986：41-54.

［27］LEE，URRUTIA. Analysis and prediction of insolvency in the property-liability insurance industry：A comparison of logit and hazard models［J］. The Journal of Risk and Insurance，1996，63（1）：121-130.

［28］LIEDTKE P M. Anatomy of the credit crisis-An insurance reader from The Geneva Association［R］. Geneva，2010，No. 3.

［29］MAKOWSKI PAUL. Credit Scoring Branches out［J］. Credit World，1985，74（2）：30-36.

［30］MARKUS，et al. The fundamental principles of financial regulation［R］. Geneva Report on the World Economy11. Geneva，2009：13-14.

［31］MINSKY H P. Can "it" happen again？［M］. Armonk New York：M. E. Sharpe，1982.

［32］NARESH KUMAR M，SREE HARI RAO V. A new methodology for estimating internal credit risk and bankruptcy prediction under basel II regime[J]. Comput Econ，2015：83-102.

[33] OECD.Regulatory issues and doha development agenda：an explanatory issues paper[R]. OECD，2003.

[34] OLIVER WYMAN. Insurance and issues in financial soundness[C]. IMF，2003.

[35] OXERA. Insurance guarantee schemes in the EU：comparative analysis of existing schemes，analysis of problems and evaluation of options[R]. Oxera，2007，831.

[36] PATRICK，et al. A neural network method for obtaining an early warning of insurer insolvency[J]. The Journal of Risk and Insurance，1994，61（3）：402-424.

[37] PINCHES，TRIESCHMANN. The efficiency of alternative models for solvency surveillance in the Insurance Industry[J]. Journal of Risk and Insurance，1974，41（4）：563-577.

[38] POLLARD J. Insurance regulation：a public trust，paper presented on the Senior[C]. Management Executive Seminar in Singapore，1997：12-15.

[39] THE GENEVA ASSOCIATION. Systemic risk in insurance，an analysis of insurance and financial stability[R]. Special Report of The Geneva Association Systemic Risk Working Group，2010：23.

[40] VICTOR P，et al. The merger/bankruptcy alternative[J]. The Accounting Review，1986，VoL. LXI，NO. 2.

[41] VON NEUMANN，MORGENSTERN. Theory of games and economic behavior. Princeton[M]. Prince ton University Press，1944.

[42] YONG D K，et al. The use of event history analysis to examine insurer insolvencies[J]. The Journal of Risk and Insurance，1995，62（1）：94-110.

中文参考文献

[1] 阿尔钦，科斯,登姆塞茨,等. 财产权利与制度变迁[M]. 上海：上海三联书店,1994.

[2] 鲍新中. 基于粒子群的 K 均值算法和粗糙集理论的财务预警[J]. 系统管理学报，2012（04）：461-469.

[3] 查里斯. 经济过热、经济恐慌及经济崩溃——金融危机史[M]. 北京：北京大学出版社，2000.

[4] 陈进村. 两岸金融保险制度比较研究[M]. 天津：南开大学出版社，2011.

[5] 陈秋荣. 公司清算与破产清算衔接问题研究[D]. 苏州：苏州大学，2009.

[6] 邓庆彪，文辉. 基于径向基神经网络的非寿险公司财务预警研究[J]. 财经理论与实践，2011（01）：25-29.

[7] 丁邦开，徐兆宏. 竞争法律环境论[M]. 上海：上海财经大学出版社，1999.

[8] 丁德臣. 混合 HOGA-SVM 财务风险预警模型实证研究[J]. 管理工程学报，2011（02）：37-44，36.

[9] 范小云. 繁荣的背后——金融系统性风险的本质、测度与管理[M]. 中国金融出版社，2006.

[10] 符启林. 银行法[M]. 北京：法律出版社，1999.

[11] 高志勇. 系统性风险与宏观审慎监管[J]. 财经理论与实践，2010（3）：13-14.

[12] 龚光鲁. 随机微分方程及其应用概要[M]. 北京：清华大学出版社，2008.

[13] 韩璐，韩立岩. 正交支持向量机及其在信用评分中的应用[J]. 管理工程学报，2017（02）：128-136.

[14] 何玉梅，张涛. 上市公司财务危机预警模型之有效性选择——基于单变量模型判别法和Z计分法的选择[J]. 现代财经（天津财经大学学报），2011（05）：72-76.

[15] 侯旭华. 杜邦分析法在保险财务中的运用[J]. 中国保险管理干部学院学报，1999（06）：23-24.

[16] 胡颖，叶羽钢，候心强. 美国保险业偿付能力研究的评价及借鉴[J]. 现代管理科学，2007（02）：105-108.

[17] 胡永红. 从海外保险公司破产看保单救济[J]. 大众理财顾问，2008（02）：84-85.

[18] 纪超凡. 马克思市场竞争理论及其时代价值研究[D]. 兰州：兰州大学. 2009.

[19] 贾海涛，向洪金，邱长溶. 粗糙集理论在银行经营绩效评价中的应用[J]. 金融理论与实践，2009（01）：16-18.

[20] 江生忠，邵全权，李勇权，等. 保险保障基金最优规模研究[M]. 天津：南开大学出版社，2010.

[21] 姜姿. 我国保险市场退出机制探析[D]. 成都：西南财经大学，2006.

[22] 蒋艳霞，徐程兴. 基于集成支持向量机的企业财务业绩分类模型研究[J]. 中国管理科学，2009（02）：42-51.

[23] 康锐. 金融机构市场退出的法律完善：做什么和怎么做[J]. 上海交通大学学报（哲学社会科学版）. 2005（2）：56-58.

[24] 亢平，沈钧毅. 基于扩展粗糙集理论的信用风险分析[J]. 微电子学与计算机，2008（03）：152-155.

[25] 孔丹凤，秦大忠. 日本对问题银行的资金救助机制分析与启示[J]. 投资研究，2007，（9）：46-47.

[26] 李洪国. 中国企业破产问题研究[D]. 长春：吉林大学，2005.

[27] 李健全. 系统性风险新认识与我国宏观审慎监管探索[J]. 金融与经济，2010（07）：52-55.

[28] 李守伟，何建敏. 银行系统性风险研究综述[J]. 南京航空航天大学学报（社会科学版），2009，11（03）：29-32.

[29] 李云林. 对当前美国金融系统风险的评估[J]. 中国金融，2009（13）：31-32.

[30] 李竹梅，孙凯. 基于遗传算法的制造业上市公司财务困境预测实证研究[J]. 财务管理，2013（05）：57-59.

[31] 李卓，邢宏洋. 金融救助的最优时机、策略与资产处置的折/溢价选择[J]. 世界经济，

2011，34（03）：21-39.

[32] 刘洪，何光军. 基于人工神经网络方法的上市公司经营失败预警研究[J]. 会计研究，2004（02）：42-46.

[33] 刘洪渭，丁德臣，何建敏. 基于 RBF 神经网络的财产保险公司全面风险预警系统研究[J]. 管理学报，2009（12）：1657-1660.

[34] 刘惠娜. 我国银行业金融机构破产法律制度研究[J]. 上海金融. 2008（12）：74-75.

[35] 刘俊. 论保险保障基金公司在保险公司破产程序中的法律地位[J]. 理论界，2010（6）：67-68.

[36] 刘连生. 美国保险监管的特点及对我国的启示[J]. 现代财经-天津财经学院学报，2004（08）：22-25.

[37] 刘鹏. 西方监管理论：文献综述和理论清理[J]. 中国行政管理，2009（09）：11-15.

[38] 龙贞杰，王善康，孙浩. 中小企业信用评级模型研究——基于 CAMEL 框架[J]. 系统科学学报，2017（03）：102-106.

[39] 吕长江，周县华，杨家树. 保险公司偿付能力恶化预测研究[J]. 财经研究，2006（10）：80-91.

[40] 罗杰·迈希. 海外保险公司破产七大原因[N/OL]. 国际金融报，2004-04-07. http：//www. china. com. cn/chinese/FIc/532605. htm.

[41] 罗猛，陈颖，王胜邦. 系统性风险及其监管：国际经验及启示[J]. 新金融，2009（11）：44-48.

[42] 马海峰，谢志刚. 保险监管：原则导向还是规则导向？[J]. 财经论丛. 2011（4）：76-80.

[43] 马海峰，谢志刚. 对问题保险公司实施监管干预的国际比较分析——以英国 Vehicle 和 General 和中国某财产保险公司为案例[J]. 江西财经大学学报，2011（03）：56-61.

[44] 马海峰，谢志刚. 我国保险保障基金对问题保险公司的事前救助分析[J]. 商业研究. 2011（6）：117-121.

[45] 马海峰，谢志刚. 我国保险保障基金公司监管权的配置与行使[J]. 财经论丛，2010（03）：58-63.

[46] 美国联邦存款保险公司. 危机管理：1980—1994 年联邦存款保险公司和处置信托公司的经验[M]. 中国金融出版社，2004.

[47] 南开大学国际保险研究所. 加拿大如何处理保险公司破产案[N]. 中国保险报 2008-02-15.

[48] 宁立红. 建立我国金融危机处理机制的法律思考[J]. 东北财经大学学报，2010（1）：94-97

[49] 诺思. 制度、制度变迁与经济绩效[M]. 上海：上海三联书店，1994.

[50] 潘修平. 存款保险法律制度的理论与实务[M]. 北京：法律出版社，2005.

[51] 皮剑龙. 破产清算律师实务[M]. 北京：法律出版社，2011.

[52] 任飞，聂溱. 基于 IGA-BP 神经网络和专家系统的我国银行流动性风险预警研究[J]. 数学的实践与认识，2007（06）：52-59.

[53] 邵辉. 风险管理原理与方法[M]. 北京：中国石化出版社，2010.

[54] 沈南宁. 中国保险市场退出机制比较研究[D]. 厦门：厦门大学，2008.

[55] 苏宁. 存款保险法律制度[M]. 北京：中国金融出版社，2008.

[56] 陶长琪. 决策理论与方法[M]. 北京：中国人民大学出版社，2010.

[57] 陶佩华. 论公司解散后的清算责任[D]. 上海：复旦大学，2007.

[58] 王乐祥，刘文忠. 保险监管国际趋势对我国的启示[N/OL]. 中国保险报，2010-04-27. http://insurance.hexun.com/2010-04-27/123548578.html.

[59] 王欣新. 破产法学[M]. 北京：中国人民大学出版社，2007.

[60] 王艳，崔华清，姚寅. 保险业偿付能力预警研究综述[J]. 财会月刊，2010（11）：87-88.

[61] 魏刚. 撤销转破产：我国金融机构市场退出模式的现实选择[J]. 武汉金融，2007（9）：38.

[62] 吴定富. 2011年全国保险监管工作会议[J]. 中国保险. 2011（1）：10-11.

[63] 吴定富. 全国保险监管工作会议上的讲话[A/OL].（2008-07-15）[2008-07-24]. http://bxjg.circ.gov.cn/web/site0/tab5212/info79286.htm.

[64] 吴冬梅，朱俊，庄新田，等. 基于支持向量机的财务危机预警模型[J]. 东北大学学报（自然科学版），2010（04）：601-604.

[65] 武小悦. 决策分析理论[M]. 北京：科学出版社，2010.

[66] 谢志刚，韩天雄. 风险理论与非寿险精算[M]. 天津：南开大学出版社，2000.

[67] 谢志刚. 决策分析[A].//郑忠国. 现代数学手册：卷4[C]. 武汉：华中科技大学出版社，2000：895.

[68] 新华网. 美政府正式接管AIG美联储，提供850亿贷款拯救AIG[EB/OL]. 2008-09-17[2012-06-20]. http://www.cnr.cn/caijing1/200809/t20080917_505101950.html.

[69] 徐孟洲，徐阳光. 论金融机构破产之理念更新与制度设计[J]. 首都师范大学学报，2006（1）：26-30.

[70] 薛锋，柯孔林. 粗糙集理论和遗传算法集成的上市公司违规行为预警研究[J]. 软科学，2008（04）：49-53.

[71] 阎维杰. 金融机构市场退出研究[M]. 北京：中国金融出版社，2006.

[72] 杨德勇. 稳定与效率：中国金融业市场退出研究[J]. 当代经济科学，2004（03）：33-38，94.

[73] 杨帆. 金融危机处置与退市法律保障[M]. 北京：中国社会科学出版社，2003.

[74] 杨金边，谢利人. 保险公司偿付能力评价、预警[J]. 保险职业学院学报，2009（2）：32-33.

[75] 杨琳. 国际保险业系统性风险、成因与对策[J]. 中国保险，2008（3）：21-22.

[76] 杨毓，蒙肖莲. 用支持向量机（SVM）构建企业破产预测模型[J]. 金融研究，2006（10）：65-75.

[77] 杨占义. 我国保险保障基金的使用方法及其问题的研究[D]. 上海：上海财经大学，2007.

［78］叶军. 破产管理人制度理论和实务研究［M］. 北京：中国商务出版社，2005.

［79］叶中行，余敏杰. 基于遗传算法和分类树的信用分类方法［J］. 系统工程学报，2006（04）：90-94.

［80］占梦雅. 中国非寿险业法定偿付能力额度标准的合理性分析与实证分析［J］. 财经理论与实践，2006，（3）：51-54.

［81］张波，张景肖. 应用随机过程［M］. 北京：清华大学出版社，2004.

［82］张领伟. 保险公司风险处置研究［D］. 天津：南开大学，2010.

［83］张梦男. 基于支持向量机的上市公司信用评价研究［J］. 财会通讯，2017（14）：43-48.

［84］赵利胜，胡玉芬. 保险监管的基础理论脉络及其启示［J］. 税务与经济，2004（4）：21-23.

［85］赵萍. 总负债27亿美元日本大和生命保险破产［N］. 21世纪经济报道，2008-10-13.

［86］郑鸣. 金融脆弱性论［M］. 北京：中国金融出版社，2007.

［87］中国保险年鉴编辑部. 中国保险年鉴2002—2018［M］. 北京：中国保险年鉴社，20122018.

［88］中国人民银行陕西省分行. 对永安财产保险股份有限公司依法实施接管的公告［A］. 1998-09-01［20120603］. http://www. 110. com/fagui/law _ 270485. html.

［89］周晶晗，赵桂芹. 我国产险公司财务恶化预警研究——基于Logistic模型［J］. 经济科学，2007（13）：13-20.

［90］周延，房爱群. 论新《企业破产法》与我国保险市场退出机制［J］. 东岳论丛，2007（5）：177-179.

［91］周延. 我国《保险保障基金管理办法》的不足及完善［J］. 金融理论与实践，2006（03）：77-79.

［92］祝向军. 后金融危机时代我国保险监管发展的理论思考［J］. 上海保险，2010（04）：10-12.

［93］卓志. 风险管理理论研究［M］. 北京：中国金融出版社，2006.

附　　录

附表 A-1　系统性风险预警指标数据

Z	x_1	x_2	x_3	x_4	x_5	x_6
1	0. 317 313	0. 182 644	0. 126 560	0. 046 615	0. 899 691	1
1	0. 109 483	0. 094 716	0. 098 097	0. 122 001	0. 938 330	−1
1	0. 101 041	0. 122 939	0. 065 938	0. 273 789	0. 910 000	−1
1	0. 271 835	0. 240 094	0. 007 261	0. 287 197	0. 768 633	1
0	0. 107 609	0. 085 000	0. 140 785	0. 150 868	0. 880 000	1
1	0. 347 015	0. 011 442	0. 135 252	0. 244 405	0. 610 514	−1
0	0. 416 422	0. 191 628	0. 220 681	0. 275 786	1. 011 356	−1
0	0. 297 245	0. 223 971	0. 092 206	0. 208 103	1. 163 922	−1
0	0. 487 604	0. 149 831	0. 081 907	0. 139 010	0. 790 102	1
0	0. 403 590	0. 140 494	0. 127 027	0. 199 620	0. 683 158	1
0	0. 094 708	0. 064 191	0. 119 636	0. 251 787	0. 850 000	−1
0	0. 328 408	0. 125 161	0. 092 771	0. 221 865	1. 121 207	−1
1	0. 116 983	0. 110 222	0. 157 362	0. 253 121	0. 760 000	1
1	0. 209 437	0. 247 254	0. 143 731	0. 196 194	0. 881 804	1
1	0. 043 716	0. 226 062	0. 156 476	0. 131 876	1. 400 000	−1
1	0. 342 578	0. 128 508	0. 068 747	0. 014 521	1. 500 000	−1
0	0. 199 105	0. 153 572	0. 050 461	0. 281 570	1. 346 613	−1
0	0. 493 960	0. 214 973	0. 024 511	0. 270 505	0. 900 000	1
1	0. 319 010	0. 186 321	0. 015 640	0. 441 363	0. 780 000	1
1	0. 109 834	0. 174 691	0. 026 934	0. 184 413	0. 773 861	−1
1	0. 422 071	0. 089 240	0. 150 842	0. 163 814	0. 580 531	−1
0	0. 298 846	0. 070 442	0. 143 608	0. 254 053	1. 017 905	1
1	0. 401 572	0. 202 892	0. 110 787	0. 239 272	1. 006 967	1

Z	x_1	x_2	x_3	x_4	x_5	x_6
1	0.070 625	0.162 899	0.115 426	0.185 543	1.100 000	-1
0	0.430 519	0.211 311	0.146 982	0.314 724	1.200 000	-1
0	0.103 737	0.171 252	0.150 720	0.287 462	1.300 000	-1
0	0.293 162	0.161 779	0.141 273	0.312 952	1.200 000	1
0	0.195 759	0.092 924	0.098 140	0.137 495	1.001 982	1
0	0.159 831	0.156 855	0.015 523	0.100 922	0.719 083	-1
0	0.209 872	0.156 398	0.023 541	0.049 022	0.697 235	-1
0	0.453 312	0.007 432	0.084 722	0.031 281	0.887 889	1
0	0.402 718	0.234 879	0.073 662	0.053 868	0.868 920	1
0	0.395 015	0.239 566	0.114 587	0.301 684	0.900 000	-1
0	0.038 739	0.152 070	0.005 435	0.287 216	0.800 000	-1
0	0.115 137	0.155 958	0.016 941	0.221 574	1.100 000	-1
0	0.426 593	0.180 729	0.009 579	0.230 851	1.515 637	1
0	0.400 256	0.015 593	0.034 377	0.293 965	1.230 000	1
1	0.440 625	0.187 686	0.023 308	0.301 440	1.120 000	-1
0	0.079 777	0.086 283	0.061 001	0.282 545	0.521 518	-1
1	0.215 127	0.240 390	0.136 894	0.196 280	0.712 757	1
1	0.032 186	0.174 222	0.143 599	0.031 046	1.200 000	1
1	0.493 058	0.202 194	0.075 434	0.047 083	1.300 000	1
1	0.487 275	0.243 291	0.122 202	0.169 443	0.900 000	-1
1	0.310 873	0.054 709	0.137 893	0.147 323	0.870 000	-1
0	0.205 353	0.094 659	0.104 052	0.229 174	0.800 000	-1
0	0.157 701	0.141 284	0.069 505	0.010 870	1.331 847	1
0	0.457 819	0.037 123	0.099 810	0.033 882	1.030 000	1
0	0.097 511	0.090 995	0.125 893	0.019 157	1.200 000	-1
0	0.035 951	0.080 316	0.110 932	0.068 753	0.790 000	-1

附表 A-2　系统性风险预警指标数据

x_7	x_8	x_9	x_{10}	x_{11}	x_{12}	x_{13}
0.09	0.03	−0.01	0.02	0.01	0.017 574	0.152 358
0.10	0.04	0.01	0.01	0	0.022 462	0.480 428
0.08	0.02	−0.02	−0.01	0.02	0.015 382	0.747 100
0.06	0.01	0.03	0.03	0.01	0.022 066	0.363 763
0.07	0.05	0	0.02	0	0.000 835	0.959 733
0.08	0.02	−0.02	0.02	0.03	0.002 188	0.200 000
0.08	0.01	−0.03	0.01	0.04	0.002 563	0.502 515
0.06	0.05	−0.01	0.03	0.02	0.002 444	0.037 831
0.07	0.03	0.01	0.02	0.01	0.003 929	0.066 504
0.08	0.04	−0.02	−0.01	0.02	0.004 424	0.784 219
0.07	0.02	0.03	0.01	0.01	0.003 340	0.200 000
0.08	0.01	0	0.02	0	0.003 265	0.100 000
0.08	0.02	−0.02	0.02	0.03	0.002 930	0.851 697
0.06	0.01	−0.03	0.02	0.04	0.002 445	0.823 218
0.09	0.05	0.03	0.01	0.02	0.002 468	0.856 920
0.10	0.03	0	0.02	0.01	0.002 262	0.019 863
0.08	0.04	−0.02	0.01	0.02	0.002 253	0.600 046
0.06	0.02	−0.03	0.02	0.01	0.000 249	0.132 078
0.07	0.01	−0.01	−0.02	0.05	0.015 185	0.100 000
0.08	0.02	0.01	0.01	0.03	0.002 381	0.052 554
0.08	0.01	−0.02	−0.02	0.04	0.001 747	0.022 119
0.06	0.05	0.03	0.02	0.01	0.002 081	0.580 518
0.09	0.03	−0.01	0.01	0.01	0.001 808	0.131 763
0.10	0.04	0.01	0	0.02	0.001 802	0.632 151
0.08	0.02	−0.02	0.02	0.01	0.000 834	0.891 644
0.06	0.01	0.03	−0.03	0.02	0.000 844	0.153 587

（续表）

x_7	x_8	x_9	x_{10}	x_{11}	x_{12}	x_{13}
0.10	0.02	0	0.02	0.01	0.000 251	0.907 269
0.08	0.01	−0.02	0.01	0	0.000 870	0.027 993
0.06	0.05	−0.03	0.01	0.03	0.001 870	0.917 882
0.07	0.03	−0.01	0.03	0.04	0.001 210	0.898 208
0.08	0.04	0.01	−0.01	0.02	0.000 442	0.907 909
0.08	0.01	−0.02	0.02	0.01	0.000 461	0.274 699
0.06	0.05	−0.02	0.01	0.02	0.000 408	0.517 007
0.09	0.03	−0.03	0.01	0.01	0.003 032	0.563 981
0.10	0.04	−0.01	0.01	0.02	0.002 000	0.742 462
0.07	0.03	0.01	0.02	0.01	0.000 158	0.689 413
0.08	0.04	−0.02	0.01	0	0.000 863	0.857 630
0.08	0.02	0.03	0.02	0.03	0.070 904	0.255 525
0.06	0.01	−0.01	−0.02	0.04	0.114 353	0.384 485
0.09	0.05	−0.02	0.01	0.02	0.160 130	0.347 640
0.08	0.02	0.03	−0.01	0.01	0.108 384	0.339 996
0.06	0.01	0	0.02	0.02	0.000 366	0.200 000
0.10	0.05	−0.02	0.01	0.01	0.002 471	0.100 000
0.08	0.03	−0.03	0.01	0.02	0.002 289	0.921 365
0.06	0.04	0.03	0.01	0.01	0.002 848	0.278 865
0.07	0.02	0	0.02	0	0.031 397	0.498 137
0.08	0.01	−0.02	0.01	0.03	0.033 738	0.474 171
0.08	0.02	−0.03	−0.01	0.04	0.028 147	0.786 439
0.05	0.01	−0.01	0.02	0.02	0.021 061	0.300 000

后　记

　　本书是在博士论文的基础上形成的，理应早些出版的。我是个后知后觉的人，在论文完成的初期，从内心来讲我对出版的积极性不是很高，总觉得有什么值得出版的呢？犹记得导师告诉我："如果感觉太差，宁可不要出版。"其中，颇有些"宁为玉碎、不为瓦全"的悲壮气息。时隔几年，再去看看那些躺在硬盘里的文字，才感慨其实当年还是花了些力气的，它们多少还是有些价值的。

　　毕业论文就像是你的"孩子"，这句话不记得是谁说的，但我铭记在心了。"师傅领进门，修行靠自身。"我深知遇到一个资质平平的学生，导师内心的感受是怎样的，假如导师还是个认真负责的人，这个指导过程就会更加痛苦吃力了。而我认为自己就是那个"平平"。幸运的是我遇到了非常认真负责的谢志刚教授，学习期间和论文写作过程中都得到恩师的悉心指导和诸多帮助，如今想来依然温暖和感动，在此我要郑重地道一声谢谢！我还要感谢家人的支持和帮助，让我能有更多的时间和精力来完成书稿，以及感谢正在预初学业中挣扎和努力着的儿子，你给我带来了温暖和鼓励！

　　本书研究得到上海市哲学社会科学规划（中青班专项）课题"审慎监管视野下问题保险公司的救助机制研究：理论与实证"（2013FJB001），以及教育部人文社会科学研究项目"审慎监管视角下问题保险公司的救助决策分析：理论与实证"（17YJA790061）的资助。希望此书能够为完善我国保险市场的退出机制和救助机制有些许贡献，书中的错漏和不当之处皆由我来承担和负责。